推薦のことば

「是非に親子で読んで考えてほしい」

「お金」「仕事」「社会的保護」の在り方を
親子で学ぶことができる素敵な本です。
ノルウェーと日本とを比較する魅力もあります。
是非に親子で読んで考えてほしい一冊です。

お茶の水女子大学教授
永瀬伸子

北欧式
お金と経済がわかる本

12歳から考えたい9つのこと

グンヒル・J.エクルンド 著　枇谷玲子 訳　氏家祥美 監修

SHOEISHA

手にとってくださったみなさんへ

　私は北欧の子どもの本を日本語に変える翻訳家という仕事をしています。子どもの頃、お金について、いつも不思議に思っていました。たとえばこんなふうに。
　●大人は「お金がすべてじゃない」と言う。でもお金のことで喧嘩したり、得意になったりしているのはむしろ大人だ。お金が欲しい、たくさん使いたいと思うのは、悪いことなの？
　●お母さんが外で働くようになって、さびしい。なんのために働くの？
　●お父さんとお母さんは、貧乏なことを隠そうとする。私もどうして貧乏なのを恥ずかしく思ってしまうの？　お金なんか、なんであるんだろう？
　それから時がたち、11歳の女の子と2歳の男の子のママになった今でも、お金のことでしょっちゅう悩みます。
　●娘が私のスマホでよく遊んでいる。そのうち、サイトの購入ボタンを間違えて押して、高額請求されやしないだろうか？
　●クレジットカードのことも、娘はいくらでも好きなものを手に入れられる、打ち出の小槌と勘違いしているみたい。社会人になって、お給料以上にたくさん買い物をしてしまい、借金を作ってしまった知人がいたが、娘もそうなりやしないか心配だ。
　●インターネットと同じように、いつの間にか使われるようになったデジタルマネーとの付き合い方について、自分もきちんと学んだことがないのに、子どもにどうしたら教えられるんだろう？
　●仕事が忙しくて娘と遊んであげられないときに、「仕事、辞めてよ」と言われたことがある。でも働くことは私の人生の一部。働くことの大切さや意味を、子どもたちにどう伝えたらいい？
　スウェーデンと並び、世界で最も現金を使わないクレジットカード使用大国で、女性の社会進出・子どもの人権尊重・起業家教育・アクティブラーニング・IT教育先進国であるノルウェーに暮らす作者は、私の疑問を見事に解消してくれました。
　きっとみなさんがこれまで抱いてきたけれど、誰にも聞けなかったり、はぐらかされて答えてもらえなかったりした疑問の多くにも、まっすぐに答えてくれることでしょう。お母さん、お父さんやお友だちとお金や将来の夢、人生について話す助けにもなる本です。どうか楽しんでくださいね。

翻訳家　枇谷玲子（ひだにれいこ）

保護者の方へ

　子どもたちを取り巻く環境は、今大きく変化していることを知っていますか？

　私は仕事柄、多くのご家庭から教育費やライフプランの相談を受けますが、多くの方が、自分が受けてきた教育をイメージして子育てをしようとします。しかし、それでは知らず知らずのうちに、30年遅れの教育となっている可能性があります。

　2021年から行われる大学入試改革では、これまでよりももっと「自分の頭で考える力」が求められるようになるのは知っていますか？　暗記力重視の試験から、思考力・判断力・表現力が重視される試験へ変わろうとしています。グローバル化が進み、世界も企業も自分で思考して行動に移せる人材を必要としているため、日本の大学入試もそれにあわせて変わっていきます。

　さらに、2022年4月からは、成人年齢が18歳に引き下げになります。高校を卒業して一人暮らしを始めたばかりの大学生でも、親の同意なく大人としての契約責任を負うようになります。勧められるままに高額商品を契約しても、知らなかったでは済まされなくなるのです。

　自己責任時代に生きるこれからの子どもたちには、今まで以上に、自分の頭で考える力が求められます。私たち日本人にとって見習いたい視点が、北欧・ノルウェーの教育にはたくさんあります。本書を通して、参考にしていただければ幸いです。

ファイナンシャルプランナー　氏家祥美（うじいえよしみ）

CONTENTS

手にとってくださったみなさんへ ……2　　保護者の方へ ……3
はじめに ……6

第1部　あなたの経済 ……9
お金はどうすれば手に入る? どう使えばいい?

- 第1章　**お金はどうやって稼げる?** ……11
  賃労働と起業家精神について
- 第2章　**どうしたらお金を借りられる?** ……19
  借金と利子について
- 第3章　**お金ってなんだろう?** ……25
  お金について、お金をどう扱うべきか
- 第4章　**お金をどう扱ったらいい?** ……35
  予算を立て、使い、貯金することについて
- 第5章　**どうしたら安全に買い物ができる?** ……43
  デビットカードとクレジットカード、インターネットショッピングについて

第2部　あなたと社会 ……53
あなた(個人)のお金は、周りの世界とどう結びついている?

- 第6章　**あなたと税制** ……55
  税金と脱税と政治
- 第7章　**消費者としてのあなた** ……67
  消費、リサイクル、経済成長について
- 第8章　**あなたと銀行制度** ……81
  銀行と金融市場
- 第9章　**経済の難しい面** ……89
  失業と貧困、よりよい生活を求めて

まとめ　コントロールしよう! ……99
経済と権力、可能性について

翻訳者あとがき　読者のみなさんへ ……100
監修者あとがき　保護者の方へ ……102
用語集 ……105
さらに知りたい人へ ……108　　プロフィール(著者・翻訳者・監修者) ……111

知ってる？
- 子どもが自分で稼いだお金の使い道を決められるかについて、法律ではどう定められている？ ……11
- 児童労働の今と昔 ……12
- 起業家──Facebookの冒険 ……16
- 学生ローンと奨学金ってなに？ ……21
- 利子はどうやって計算する？ ……21
- お金の歴史──金、銀から画面上の数字まで ……27
- 外貨ってなに？ ……29
- 貯金するってどういうこと？ ……36
- 予算を立て、役立てるための4つのステップ ……38
- 子どもとデビットカード、クレジットカードに関する決まり ……44
- デビットカードとクレジットカードについて知っておくべきこと ……46
- ネットショッピングのチェックリスト ……49
- 消費者としてのあなたの権利 ……71
- 「賞味期限」、それとも「消費期限」？ ……75
- 白鳥の環境マーク ……77
- 銀行の歴史1、2、3 ……82

さらに知りたい人へ
- 仮想通貨ってなに？ ……30
- 未来ではあまりお金が使われなくなる？ ……32
- ノルウェーは世界一のクレジットカード使用国 ……46
- ノルウェーの控除 ……56
- ノルウェーの付加価値税 ……57
- 税金はなにに使われる？──ノルウェーの場合 ……58
- 国の豊かさを比べる指標 ……78
- 銀行がお金を稼ぐしくみ ……83
- 金融政策ってなに？ ……86
- アメリカへの移住 ……96

補足資料
- 社会的銀行ってなんだろう？ ……86
- 失業手当と生活保護ってなに？ ……91

話し合ってみよう！
- おこづかい制って、いいと思う？ ……17
- みんなのおうちの家計はどう？ ……22
- お金ってどれぐらい大切？ ……33
- なんのために貯金する？ ……40
- カードをどう使うべき？ ……51
- 税金についてどう思う？ ……65
- どうしたら意識の高い消費者になれる？ ……79
- どうやって銀行を選ぶ？ ……87
- 貧困を恥じる思いはどうしたら軽減できる？ ……97

はじめに

「経済ってなに？」って子どもたちにたずねると、こんな答えがたいてい、返ってきます——「お金！」。さらに話を聞いてみると、「数を計算すること」や「物を売り買いすること」など、いろんな答えが。中には予算や税金、銀行、金利といった、ややこしくて、よくわからない言葉を口にする子も。

これらの答えはどれも正解。経済は、私たちの身の回りや、社会のあちこちにあるもの。それなのに学校では、経済のことをほとんど習わないよね？ 実は大人にも、経済は難しいって思っている人はいっぱいいます。経済ってたしかにややこしい。だけど私はこの本で、経済は役に立つ楽しいものだ、ってことを伝えるつもり！

この本は、主に12歳か、それより上の子に向けて書きました。でも、それより小さい子や大人にも、楽しんでもらえるかも。この本は第１部と第２部に分かれています。第１部のテーマは、個人のお金、いわゆるパーソナルファイナンスってやつ。どうしたらお金が手に入るのか、そしてお金との賢い付き合い方について、ヒントを得られるはず。第２部には、個人のお金が、周りの社会とどうつながっているのかについて書きました。あなたがお金をどう使うかが、社会にどのように影響する？ 個人のお金も社会全体の経済も、どちらも大事。個人のお金とうまく付き合えるようになると、自分の人生をコントロールしやすくなります。それに社会全体の経済の仕組みを知ることで、世の中を変えるチャンスが増すのです。

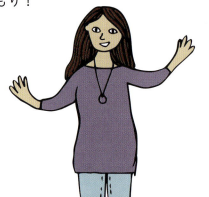

この本の読み方は自由。1ページ目から順に読んでいってもいいし、おもしろそうな章をピックアップして読んでいってもいいのです。すべての章に、知ってる？という青色のコラム（囲み記事）が出てくるはず。そこには、みんなに楽しんでもらえるような、ちょっとした豆知識を書きました。さらに知りたい人へというオレンジ色のコラムが出てくる章もあります。さらに知りたい人へは、ちょっぴり難しい課題や、経済との関係性について知りたい子に向けて書いたもの。途中で出てくる経済用語の意味は、どれも文章を読み進めながら意味がわかるよう、そのつど説明したつもりだけど、念のため巻末にも用語集（あいうえお順）を付けました。本の最後に、さらに知りたい子にオススメの本やサイトの情報も付けたので、お楽しみに。

みんなが経済のことを、友達や家族と気軽に話せるようになる、きっかけになるよう、すべての章の最後に、話し合ってみよう！という緑色のコラムを作りました。ここには友達や家族と話し合える問いをまとめてあります。これらの問いを通じ、経済や身の回りの世界を今までとちょっぴり違った新しい見方で見られるようになってくれたら、とってもうれしいな。

作者より

第1部 あなたの経済

お金はどうすれば手に入る？
どう使えばいい？

リーネがお店でワンピースを見ています。リーネの好みに、ぴったりのニットのワンピース。値札を見てみると、高い！　すっごく。「高くても関係ない。どうしてもこのワンピースがほしい」とリーネは考えました。「さあ、どうしよう？　お父さんとお母さんに頼めば、おこづかいをもう少しもらえるかもしれない。でも、なんて言おう？　誕生日にもらったお祝い金は、残ってたっけ？　映画を見に行ったとき、使っちゃったかも」。リーネは残念ながら、お金の使い道を全部は覚えていません。リーネはもう一度、考えました。「どうしたらお金を手に入れられる？」。

　この話を聞いて、まるで自分のことみたいだと思った？　お金をどうやって手に入れ、どう使うか――それはあなたのいわゆる個人経済の一部なのです。このことについて、第1部で話します。あなたがほしいものを買うお金を手に入れる方法は、単純に分けると、盗む、もらう、稼ぐ、借りるの4つ。

　盗むのは、法律で禁止されていて罪になるし、お金を盗られた相手をとても傷つけるから、これ以上、話題にするのはやめましょう。

　2つ目のもらうのほうが、ずっといいアイデア。あなたもお父さんやお母さんから時々、お金をもらうことはない？　クリスマスや誕生日にプレゼントの代わりに、お金をちょうだいって頼んだことは？　誰かが親戚や家族から遺産をもらったって話、聞いたことはないかな？　お金をもらうことの利点は、特別な努力をする必要がないところ。欠点は、自分の意志ではどうにもできないところ。お金をもらうチャンスは思いがけず、突然、訪れるものです。いつそのときがやって来るか、決めるのは、お金をくれる側の人。あなたはただそれを受け入れるだけ。遺産は、親戚や家族が亡くなったときに入ってくるもの。あなたにはどうにもできないし、なにより親戚や家族を失うのはとても悲しいことだよね。

　他にお金を手に入れる方法には、ギャンブルで勝つ、というものがあります。ギャンブルとは、トランプなどのゲームでお金やものをかけて、勝ち負けを競うこと。ノルウェーでは、18歳になるまで、ギャンブルはしてはいけません。大金を投じることになるし、勝つのはごく限られた人だけだから。人はギャンブルでお金を手に入れようとするけれど、実際は大半の人が、お金を失ってしまいます。だからギャンブルはお金を手に入れる良い手段とは言えないのです。

日本では？
　風俗営業法でパチンコは**18歳**から認められていますが、**競馬、競輪、競艇、オートレース**などの公営ギャンブルは**20歳**から。成人年齢が18歳に引き下げになっても、公営ギャンブルは引き続き20歳からのままの方向で検討されています（2019年現在）。

　残る方法は、稼ぐと借りるの2つ。詳しいことは第1章と第2章で話します。第3章では、お金とは一体なんなのか、なぜお金に価値があるのかを探っていきます。第4章と第5章では、手に入れたお金でなにができるのか、お金を安全に使うには、どうしたらいいのかを見ていきましょう。

お金はどうやって稼(かせ)げる？
賃労働と起業家精神について

あなたは将来、どんな仕事がしたい？もしかしたら、仕事をしたくない、という子もいるかも。でも、あなたが今、ご飯を食べられるのも、服を買えるのも、暖かい家で暮らせるのも、おうちの人が仕事をして、お金を稼いできてくれるからなのです。

お金を稼ぐことの一番いい面は、使い道を自分で決められるところ。

ただし、どんな仕事もしていいわけではないし、何歳でも働けるわけではありません。ノルウェーにも、子どもの労働についての決まりがあります。ノルウェーでは法律で、お金をもらって働いていいのは（賃労働と言う）、13歳以上と決められているのです。ただし、例外もあります。たとえば子役として芸能活動する場合や、おうちが農場をしていて、手伝う場合など。ただし12歳やそれより下の年齢の子が、お金を稼ぐ方法がないわけではありません。どうすればいいか、この章で紹介していきます。

日本では？
仕事をしていいのは、中学校を卒業（満15歳の3月31日）してから。ただし、中学生でも、労働基準監督署の許可をとれば、学校の授業時間外に、新聞配達など健康や福祉に有害でない仕事ができます。テレビや映画などの子役は、小学生以下の子もできます。

知ってる？
子どもが自分で稼いだお金の使い道を決められるかについて、法律ではどう定められている？

ノルウェーの児童保護法では、14歳かそれより下の子が稼いだお金や、おこづかいとしてもらったお金の決定権は親にあると定められています。でも15歳以上になると、自分のお金の使い道は自分で決め、管理できます。ただし17歳かそれより下の子が、その子にとってよくないことに、お金を使おうとしたら、おうちの人には止める権利があります。あなたがどれぐらい自由にお金の使い道を決めてよいか、おうちの人と話し合っておくといいでしょう。

日本では？
未成年者（現在20歳未満、2022年4月以降は18歳未満）が働いて得たお金は、直接本人に払われることになっていて、代わりに親に払ってはいけません（労働基準法より）。一方で、日本の法律では、未成年者のお金や法律の手続きなどを、子どもに代わって親がする権利・義務があります。このことを親権(しんけん)と言います。そのため、未成年者がよくないことにお金を使おうとした場合には、それを止める権利が親にはあります。

知ってる?

児童労働の今と昔

　子どもたちを児童労働から守る最初の法律は、19世紀の初めに、英国とドイツの議会で決められました。当時、急速に広がっていた大きな工場や炭鉱で、子どもが普通に働いていたのです。ノルウェーで工場が多く建てられるようになったのは、それから少し経ってから。そのため1892年に新工場監督法が議会で決められ、児童労働を禁じる法律が定められたのも、19世紀の終わりになってからでした。

　今ではほとんどの国で児童労働が禁止されています。1989年に国連で子どもの権利条約が採択されたのも、多くの国で児童労働が禁止されるようになった大きなきっかけとなりました。それでもなお、世界では1億6,800万人もの5歳から17歳の子どもが、児童労働をしていると言われています。1億6,800万人と急に言われても、ピンとこないかもしれませんね。では、それだけの数の子どもが手をつなぐと、地球をぐるりと4周できるって言えばわかりやすい? もしこの倍、子どもがいたら、地球から月まで行けちゃうって言ったほうが、ピンとくるかな?

わあ、子どもがいっぱい!

13歳未満の子にできる仕事って？

　ノルウェーでは13歳になっていない子を、雇い主（雇用者とも言う）は雇えません。雇用者とは、誰かを雇い、賃労働をさせる人や会社などの団体のこと。今12歳だけどお金が必要な子は、「そんなの、ずるい！」と思うかも。でもこの法律はみんなを守るためにあります。かつては7歳、8歳の子が、当たり前のように工場などで1日中働いていました。家計を助けるため、働かざるをえなかったのです。大変だし、遊ぶ時間はほとんどありませんでした。大変すぎて病気になる子や、学校に通えなくなる子も。だからノルウェーの政府はずっと昔、子どもたちの賃労働を禁止する法律を作ったのです。

日本では？

　11ページの**日本では？** のとおり、日本では**中学生以下を働かせることは労働基準法で禁じられています**。ただし特別に、労働基準監督署の許可を得れば、中学生でも特定の仕事で働くことができ、テレビや映画などの子役では小学生以下の子でも働くことができます。

Web Q&A：雇用契約／確かめよう労働条件：労働条件に関する総合情報サイト・厚生労働省
www.check-roudou.mhlw.go.jp/qa/roudousya/koyou/q2.html

　ただしまだ13歳になっていない子（日本では中学生以下）に、お金を稼ぐ手段がまったくないわけではありません。たとえばおうちの人に「お手伝いするから、おこづかいちょうだい」ってお願いできるよね？　もしくは、親戚や近所の人の簡単なお手伝いをして、お金をもらうこともできます。お使いに行くとか、芝刈りをするとか、雪かきをするとか。そしてこの他にも方法はあります――いらなくなったものを売ること。飽きて使わなくなった古いおもちゃや本を売ってもいいか、おうちの人に聞いてみてはどう？　「いいよ」って言われたら、インターネットで出品しましょう（日本だとメルカリなど。ただし親の同意が必要）。同じように、アクセサリーやブーケやイラスト、絵といったハンドメイドの品物を売ることもできるよね。

13歳になると生まれる、お金を稼ぐ新たな手段

　13歳になると、新聞配達や掃除やお店での包装の手伝いといった、簡単なアルバイトができます。あなたが住む町に、たとえば食品加工場があるとすれば、そこで働くこともできます。

　ノルウェーでは仕事を始める前、雇用者が賃金や労働時間について定めた労働契約書や就業規則を書面で提示しなくてはならない、と定められています。15歳になっていない場合、保護者の同意が必要です。15歳になれば、自分で労働契約を結んで、自分の意志で仕事を始められます。労働契約を破棄して仕事を辞めたいと思ったら、あなたが何歳であろうと、自分で破棄できます。ノルウェーではこのとき、これまでの仕事内容と就労期間を記載した、就労経験証明書を、雇用者に発行してもらう必要があります。このノルウェーの就労経験証明書も、仕事をしたことの証し。新しい仕事を探すとき、役に立つものなのです。

　仕事を探すときは、お父さんやお母さんといった周りの大人に相談することも大事。そうすることで、職場から提示されている賃金などの労働条件が適切かどうか、大人にチェックしてもらえるのですから。

日本では？

　中学生は労働基準監督署の許可がないとアルバイトできません（13ページの日本では？を参照）。高校生の場合には、校則でアルバイトを禁じている学校も多いので、まずは学校に確認しましょう。また、18歳未満の場合には、たとえ親が許可を出しても、深夜労働（夜10時から翌朝午前5時まで）はできないことになっています。

起業家精神──自分で職場を作ろう！

　起業家精神とは、新しい可能性を見いだし、挑戦しようとする心意気を示すすてきな言葉。

　起業家とは、自分のアイデアでお金を稼ごうとする人のことを表す言葉。解決されていない課題や、なしとげられるべき事柄を発見し、それらを解決する術を見いだす人のことです。何歳であろうと、起業家になれます。今、ノルウェーでは若い人に起業のことを教える学校も増えてきています。「若き起業家」（Ungt Entreprenørskap）という団体も作られました。この団体は、事業の元になるアイデアを思いついた子どもや若者の支援をしています。でも事業を始めるのは、簡単なことではありません。事業の営み方については決まりがありますし、自分のアイデアをどう実行に移すか計画を立てねばなりません。幸い、若い人たちが事業を始めやすいよう、若者の起業についての規則は、大人に比べて簡素化されています。といっても、お家の人や学校の友達や知り合い、「若き起業家」の相談員から助けを借りたほうがいいことに変わりはないのです。

1 お金はどうやって稼げる？ 賃労働と起業家精神について

北ノルウェー沿岸で、15歳の男の子がタラの舌を切り落とすアルバイトをして、今シーズンすでに日本円にしておよそ170万円近い大金を稼いでいる、という新聞記事。タラの舌は高級品と言われています。この仕事は歩合制で、舌をたくさん切り落とせば切り落とすほど、いっぱいお金がもらえるんですって。

15

日本では？

日本でも、何歳でも起業家になれます。小中学生でもアプリ開発やプリン販売など、さまざまな起業事例があります。税務署に開業届を出せば、何歳でも個人事業主になれます。一方で、会社設立は印鑑証明が取得できる15歳以上からとなっています。

実際に起業までしなくても、家庭の不用品や古本を販売しておこづかいを稼ぐことは手軽にできます。起業する場合はもちろん、不用品を売る場合も、未成年者は単独での法律行為が禁じられているため、**親の同意が欠かせない**ことも覚えておきましょう。

知ってる？

起業家――Facebookの冒険

起業家として成功できるのは、大人だけとは限りません。アメリカ人のマーク・ザッカーバーグは、2004年、20歳という若さで友達とSNS（ソーシャルネットワークサービス）のFacebook運営を始めました。Facebookを使う人（アクティブユーザー）の数は、2014年時点で13億2,000万人まで達し、10年でFacebookは世界最大のインターネット上の社交場に。マーク・ザッカーバーグが高校でプログラミングを学んだのが、Facebookの冒険の始まり。大学に進んだ彼は友人たちと、あることを思いつきました。大学生が自分のプロフィールを公開して、交流できるサイトを作ったらおもしろいんじゃないかって。ザッカーバーグはそのページを、Facebookと名付けました。やがて他の大学の学生までFacebookを使いだし、またたく間にアメリカ全土に、さらに世界の国々へと広まっていきました。

ザッカーバーグが起業家として成功したのは、思いついたアイデアを発展させる能力を持ち合わせていたから。事業を起ち上げ、優秀な協力者を雇い入れ、そのアイデアを元にお金を稼ぐ術を見いだしたのです。

ザッカーバーグは2014年、アメリカの長者番付で11位になりました。当時の総資産は、340億ドル。340億ドルは、ノルウェー人41万9,000人の年収を合わせた額に相当します。340億ドルは、たとえば世界一高いサッカークラブと、世界一高い車2,900台を買ってもまだ、月を1周回るお金が残るほどの大金です。

> 話し合ってみよう！

おこづかい制って、いいと思う？

　ある調査によると、ノルウェーでは7歳から15歳の子どもの10人につき3人が、おこづかいをもらっているとのこと。昔は今より、おこづかい制にする家が多かったそうです。たとえば1998年、ノルウェーの7歳から15歳の子どもの10人につき8人が、おこづかいをもらっていたんですって。

日本では？

　小学校低学年から7割の子がおこづかいをもらい始め、中学生になると8割の子がおこづかいをもらっています。ただし、小学校低学年のうちは時々もらう子が多いけど、高学年になると月に1回定額をもらう子の割合が増えます。おこづかいの平均値は、中学生が2,536円、高校生が5,114円。

Web 子どもの暮らしとお金に関する調査（第3回）2015年度／知るぽると
www.shiruporuto.jp/public/document/container/kodomo_chosa/2015/

　あなたはおこづかいをもらってる？　おこづかいは必要ないか、それともおこづかいとして決まった額をもらうほうがいいのか、おうちの人と話し合ってみて。定期的におこづかいをもらうのと、ほしいものが出てきたらそのたびにおうちの人に買ってもらうのと、どちらがいいのかな？

話し合いのとき、挙がるであろう意見

- おこづかいをもらうことで、子どもはお金の使い方を学べるんじゃない？
- 親からおこづかいをもらっても、なににお金を使ったのか全部把握し、管理するのは子どもには難しいのでは？
- 子どもはおこづかいをもらうためにお手伝いをすることで、働くことの大切さを学べる。
- 子どもはお金をもらわなくても、お手伝いをするべき。でないと、家族の一員として責任を持ち、協力することが学べないじゃないか？

1　お金はどうやって稼げる？　賃労働と起業家精神について

どうしたらお金を借りられる?
借金と利子について

お金を手に入れる方法をこれまでに3つ話しました。盗む（賢明ではないし、法律を犯している）、もらう（まあ、いいでしょう。でもあなたに決定権はありません）、そして働いて稼ぐ。この章では、4つ目の借りる、という方法を詳しく見ていきます。

お店で見つけたワンピースがほしくなったリーネという女の子のこと、覚えてる？ リーネがお父さん、お母さんから、お金をもらえず、おこづかいも残っていなかったらどうすればいい？ そのワンピースは、とてもすてき。うかうかしていると、売り切れてしまいそう。急いでお金を手に入れなくちゃ。残りの選択肢は、お金を借りることです。

お金を借りるって、どういうこと?

お金を借りることのメリットは、お金がなくても、ほしいものを手に入れられるところ。本当は2週間後にならないと、おこづかいをもらえないとしても、お金を借りれば、今すぐ買い物ができます。

おこづかいの額が決まっていて、それ以上はもらえないのなら、**前借り**をお願いする方法があります。おこづかいの全額、もしくは一部を前もって払ってもらえないか、頼むのです。

前借り、つまりお金を借りることの悪い点は、あとで使えるお金が減ってしまうこと。おこづかいを全額、前借りしてしまうと、次のおこづかい日にもらえる額は、ゼロになってしまいます。おこづかいを前借りしたのであれば、おこづかいをもらえるはずの日に、ほしいものが出てきても、買えません。前借りというのは一種の借金なのです。おこづかいは借金の返済に回さなくてはいけない、ということになります。

誰がお金を借りられる?

あなたがまだ成人※していないのなら、銀行でお金を借りることはできません。だけど友達や家族や知り合いに借りることはできます。このとき、1つ、考えなくてはいけないことがあります。それは、本当にお金を借りてまで買わなくてはいけないものか、ということ。次におこづかいをもらえるときまで、絶対に待てないのかな?

大人になると、新たな道が開けます。成人すると、銀行などの**金融機関**でお金を借りられるようになります。金融機関とは、かみくだいて言うと、誰かが預けたお金を貸すことを仕事にしている団体のこと。ノルウェーだと、この他にも、教育費を貸すノルウェー国家金融国庫があります。国家金融国庫は、ノルウェーで18歳以下の人にお金を貸すことが唯一許されている金融機関です(このあとの**知ってる?** も見て)。

国家金融国庫からの借り入れは、担保・保証のいらない**信用貸し**。しかしこれにも利子がかかるのを知ることが大事。銀行でお金を借りる場合にも、もちろん利子がかかります。

日本では?

基本的に、未成年者は金融機関からお金を借りることができません。ただし、高校から大学や専門学校に進学するときの教育費については、日本学生支援機構の奨学金(21ページ)が利用できます。

利子ってなに?

利子とは、ざっくり言うと、お金を借りたときに払うレンタル料のこと。DVDを借りたら、レンタル料を払って、借りたDVDも返すよね?銀行でお金を借りる場合もそれと同じで、借りた金額に利子を上乗せして返します。

反対に、あなたが銀行にお金を預けたら、銀行はお金を貸してもらったお礼に、あなたに**利息**を払います。このようにお金を借りた場合に

※ノルウェーでは18歳。日本では20歳(2022年4月以降は18歳)。

支払うものを**利子**、貸した場合に受け取るものを**利息**と使い分けることもありますが、一般的に利子と利息は同じ意味（借りた金額に上乗せして払うお金）を表します。

知ってる？ 学生ローンと奨学金ってなに？

学生ローンは、高校を卒業し、職業専門学校や大学などの教育機関に入学した人が、借りることができるローンの一種。学生ローンでお金を貸すのは、ノルウェー国家金融国庫です。国家金融国庫は、国のもので、すべての人が教育を受けられるようにするためにあります。

また、国家金融国庫はさまざまな奨学金も提供しています。奨学金というのは、本来、返さなくていい補助金のこと。

日本では？

日本の奨学金制度には、返済のいらない「給付型」と、卒業後に本人が返済する「貸与型」があります。日本学生支援機構は「給付型」を最近はじめましたが、2014年時点で大学生の4割程度は「貸与型」を利用しています。日本では「奨学金」という名目での利用が多数ですが、現実には返済しなければならない借金がほとんどです。とはいえ大学や専門学校など上級学校（さらに上位の学校）への進学は、将来の職業選択の幅を広げる重要な投資活動です。自分の得意なこと、そして将来の仕事への需要や可能性を考えつつ、専門教育を選んでほしいところです。奨学金は進学を財政面からサポートするでしょう。

ただ卒業後に希望する仕事に就けないこともあります。成績を加味した上で借金返済の困難に対応した制度が重要です。2017年から「所得連動型奨学金」という新しい返済方式が第1種奨学金に導入されました（卒業後に就く仕事の所得が低い場合は返済額が低くて良いという方式です）。上級学校の教育は未来への投資として、どの国でも将来、収入の上昇に大きい役割を果たします。将来の職業をよく考え、意味のある投資を考えてください。

なお、日本学生支援機構のサイトでは、借入額や返済計画のシミュレーション機能が用意されています。

Web 進学資金シミュレーター／独立行政法人日本学生支援機構
shogakukin-simulator.jasso.go.jp

知ってる？ 利子はどうやって計算する？

あなたが支払う利子は、借りた額と金利をもとに計算されます。**金利**とは、借りたお金に対する利子のこと。

たとえば金利15％で1万円を借りたら、1年後には、元の金額1万円に利子1,500円を上乗せして返すことになります。

さらに考えよう！

複利とは、元金（元の金額）とそこから生じた利子の合計額を、次の元金として計算する方法です。ずっと一定の利子がつく単利と比べると、複利では利子にもまた次の利子がつくため、運用期間が長くなるほど加速度的に利子が増えていきます。

たとえば、金利15％で1万円を借りて、10年間まったく返さなかったとします。この場合、複利だと、1年後の利子は1万円×15％＝1,500円、2年後の利子は、（1万円＋1,500円）×15％＝1,725円、3年目の利子は、（11,500円＋1,725円）×15％＝1,983円、というように、年々利子が増えていきます。10年後に一括返済する場合、元金1万円に30,448円の利子がついて合計で40,448円返すことになります。

一方、同じ15％でも単利の場合には毎年1,500円ずつ利子がつくので、10年間の利子総額は1万5,000円。10年後の返済総額は元金とあわせて2万5,000円になります。

複利と単利でずいぶん増えるスピードが違いますね。お金を預けるときは複利、お金を借りるときは単利を選ぶといいでしょう。

話し合ってみよう！

みんなのおうちの家計はどう？

大半の家庭にとって一番大きな借金は、住宅ローンでしょう。あなたの家が持ち家なら、買うときに、銀行でお金を借りたはず。家を買えるだけの貯金がなくても、住宅ローンを借りれば買えます。でもその分、毎月、銀行に借りたお金と利子の両方を合わせて払わなくてはいけません。

お父さんとお母さんに、いくらローンを借りているかたずねてみましょう。ローンの額はお給料のわりに多い？　それとも少ない？　おうちの人は全額支払うのは大変だと感じている？　それとも余裕だと思っている？　もしかしたら夏休み、あなたが旅行に行きたいと言ったとき、ダメと言われたのは、住宅ローンが高すぎるせいかも。あなたが周りの子より狭い家に住んでいると感じたならば、それはあなたの両親があまりお金を借りたくないと思っているからかもしれませんね。

大人はお金について、あまり話したがらないかも？　それでも家族で家計についてオープンに話してみるのはいいことだと私は思います。話し合うことで、どうして今みたいな暮らしをしているのか、あなたが望むさまざまなことに、お父さんやお母さんがいいよと言うこともあれば、ダメと言うこともあるのがなぜか、理解しやすくなるはず。お金をめぐるケンカも減るかも？

2 どうしたらお金を借りられる？
借金と利子について

写真はノルウェーの首都オスロの保育所の外に並べられているベビーカー。ノルウェーで小さな子どもを持つ家庭は、2004年に比べ、3倍もの住宅ローンを払っている、という2013年2月の記事。今の子育て家庭は住居を買うのに特に、多くのお金を借りています。中には住宅ローンにお金を使いすぎて、他のものを買うお金がほとんど残らない人もいるのです。

日本では？

　全国平均のマンション購入価格は4,267万円（「フラット35利用者調査（2016年）」住宅金融支援機構より）。

　住宅は高額な買い物だから、多くの人が住宅ローンを利用して家を買うことになります。住宅ローンを利用する場合、長い期間をかけて返済するほど1回当たりの返済額は少なくて済みますが、その分、利子を多く支払うことになり、総返済額が増えていきます。頭金（ローン契約時に支払う一部の金額）をしっかりと貯めて、長期のライフプランを見すえて、無理のない購入計画を立てることが重要であるのはもちろん、住宅ローンの組み方についてもよく検討したいですね。

お金ってなんだろう？
お金について、お金をどう扱うべきか

あなたは小さい頃、貯金箱にお札と硬貨を貯めてた？ もしそうなら、貯金箱が軽くなれば、お金が少なくなったとわかったはず。でも今ではそういった硬貨やお札、つまり**現金**を使う機会が減ってきています。代わりにクレジットカードを使って、買い物をすることが増えました。携帯電話やタブレット、コンピュータを使って、インターネットでゲームなどの商品を買えます。するとお金は急に画面の上の数字になってしまいます。これだとお金をどれだけ使ったか実感するのが難しくなるかも。お金とは一体なんなのかも、よくわからなくなるかもね？

第1章と第2章では、お金をどうしたら手に入れられるのかを見てきました。このあとの第4章と第5章では、自分のお金の使い道を把握するにはどうしたらいいか、またお金をどうすれば貯められるか、お金をどうしたら安全に使えるのかについて、さらに話していきます。この第3章では、<u>お金とはなにか、どうしてお金が価値あるものと考えられているか</u>、詳しく見ていきましょう。

お金はなぜ、これほどまでに重要なものになったの？ お金と一体、どう付き合えばいいの？

お金ってなに？

過去をさかのぼってみると、なんだってお金になりうることがわかるはず。コミュニティ（共同体や地域社会）の人の大半に、お金とみなされ、支払いに使ってよいと認められている限り、お金として使えます。大昔は、すごくへんてこなものが、お金として使われていました。

お父さん！ボウリングに行くには、一般社会で認められたお金が必要なんだよ!!!!!

はい、お金！

　人類が最初にお金を使い始めたのがいつなのか、完全にはわかっていません。でも今のイラクのある場所に、5000年前に暮らしていたメソポタミアの人たちは、商いやお金の貸し借りに、文字を書いた粘土板を使っていたことがわかっています。一方、太平洋のヤップという島の住民は、大きくて丸い石でお金を作るという、手のかかる方法を使っていたようです。他にもさまざまな時代、さまざまな土地の人々が、貝殻、真珠、毛皮や、金、銀、銅、青銅といった希少金属をお金として使っていたと言われています。ノルウェーでは昔、バターや乾燥させた魚が売り買いに使われていたんですって。硬貨がおよそ2600年前に使われ始めたのに対し、紙幣は1000年ほど前に作られました。

　お金は、かつては物や商品、お札や硬貨だったのに対し、今はコンピュータ上の単なる数字でしかない場合もあります。これを**お金のデジタル化**と言います。こういう電子上のお金は、**預金通貨**とも呼ばれています。預金通貨は、たとえば現金自動預払機（ATM）でお金を引き出すなどして、現金に換えられます。また、デジタルのお金は、見えないけれど、プラスチックカード（クレジットカードやデビットカード

太平洋のヤップ島の巨大な石のお金はライ（Rai）と呼ばれています。一番大きいもので、高さ3.5メートル以上、重さは数トン。ヤップ島では今でもなお、島のあちこちに、石のお金が何千とあります。でも今ではお金ではなく、ただの置物です。
（写真：Eric Guinther）

など）やコンピュータや携帯電話の一部と言ってもよいでしょう。

乾燥させた魚から画面上の数字までが、どうしてお金として価値あるものだとみなされているのかな？

知ってる？

お金の歴史
——金、銀から画面上の数字まで

　最古の通貨はおよそ2600年前、現在のトルコにあった王国、リュディアで作られました。一方、紙幣は、およそ1000年前、中国で生まれました。近代的な紙幣は、17世紀のヨーロッパで初めて使われだしたのです。ノルウェー最古の硬貨は、995年に作られた銀貨、ペニングです。これはオーラヴ1世がノルウェー王になった直後に命じ、作らせたものでした。その700年後の1695年、ノルウェー初の紙幣が生まれました。デンマーク、ノルウェー連合国の王が、ベルゲン出身の商人、ヨルゲン・トールムーレンに紙幣を発行するのを許可したのです。それらの紙幣に価値があるとみんなが信用しなかったことなどから、この試みは成功しませんでした。国会がノルウェー銀行を創設した1816年に、ノルウェー初となる紙幣を発行し、使用する仕組みが生まれました。

　紙のお金は長らく銀や金と直接の結びつきを保ってきました。つまり、あなたがお札を持っていれば、銀行に行き、それを銀貨や金貨に換える権利を持つということ。ところがこのような希少金属と紙幣の互換性は、いわゆる金本位制度が廃止された1931年に消えました。それ以来、お金は単なる紙きれか小さな金属か画面上の数字に変わったのです。

日本では？

　大昔、狩猟や採集で得たものを物々交換していましたが、次第に、石の矢じりやイネが使われるようになりました。肉や魚を石の矢じりやイネと交換しておけば、日が経っても腐らないし、必要なときにほしいものと交換できます。さらに、値段をつけることで物の価値を計りやすくなりました。

　その後、品質が変化しにくく価値がある金、銀、銅などの金属がお金として使われるようになりました。8世紀には、日本最古の貨幣である和同開珎（わどうかいちん）が誕生しています。江戸時代になると持ち運びに便利な紙のお札を使う藩が出始め、明治時代に入ると政府が日本全国で使える紙幣「太政官札（だじょうかんさつ）」を発行しました。以後、偽札防止技術などを駆使しながら、お札は進化し続けています。

ノルウェー最古の硬貨。オーラヴ1世がノルウェーの王様になったすぐ後の995年に作られました。片面には王様の絵が、もう片面には十字が。この硬貨はアングロサクソン人の硬貨をマネて作られたものです。
（所蔵：ノルウェー文化歴史博物館、硬貨の棚）

お金ってどうして価値があるの?

お金が使われるには、みんながそれに価値があると認識している必要があります。今ではお金に、金や銀など他の貴重なものとの互換性はありません。私たちがお金を価値あるものと捉えているのは、お金をちゃんと使えると信じているからなのです。

硬貨やお札をお金として使うには、それが実際に十分な価値を持ち、売り買いに使える、銀行に預金できると信用していなければなりません。デビットカード（44ページ）がちゃんと使えて、預金をちゃんと引き出せる必要もあります。私たちが信用しなくなったら、お金は価値が下がり、最終的には使えなくなってしまいます。

お金を創った人のことも、お店や銀行で働く人のこともよく知らないのに、お金をちゃんと使えると信用できるのはどうしてでしょう？それは**貨幣経済**（お金とそれにまつわる制度）全体で一丸となって、信用を得るための仕組み作りがされているからです。まず政府が**中央銀行**を設立します。中央銀行にはその国の貨幣経済を統制し、コントロールする責任があります。お札や硬貨を作る権利は、中央銀行の他にはどこにもありません。法律を破って無断で作られた偽札を見つけやすくするため、中央銀行はマネしづらい特別な紙で、お札を作ります。さらにお札にはすべて、偉い人や国のシンボルが入れられています。こうすることで、お金の発行に政府が関わっていると示し、お金に本当に価値があるとみんなに信じてもらえるわけです。

中央銀行は、お金の信頼性を高める取り組みをする組織の1つでしかありません。お金が売買に使えるよう、貨幣制度がきちんと機能するようにするため、政府は銀行経営を取り締まる法律を作りました。銀行や他の金融機関の経営を見守る金融監督庁も設立されました。他にノルウェーには、銀行が破たんしても、預金者が自分たちのお金を取り戻せるよう預金保険機構があります。第8章では、**預金保険機構**や銀行が、実際になにをしているのかについてさらに知ることができます。

日本では？

金融機関が破たんした場合に備えて「預金保険制度」があります。この制度によって、預金者1人当たり、1つの金融機関につき、定期預金や普通預金は元本1,000万円までとその利息が保護されます。逆に言うと、1,000万円を超えた部分については、ペイオフ（85ページ）といって保護されないこととなります。当座預金や決済用預金（利息がつかない普通預金）は全額保護の対象となります。1人の人が同じ金融機関で作った口座は、たとえ支店が違っても1つの口座として合算されてしまうので注意が必要です。

知ってる？

外貨ってなに？

外貨とは、外国のお金のこと。特定の国と地域のお金について話すときに、この言葉を使うことが多いですね。ほとんどの国には、自分の国の通貨があります。たとえばノルウェーではノルウェー・クローネ、ロシアではルーブル、日本では円、世界一人口の多い中国では人民元（元）に加えて補助通貨として角と分が使われています。

中には自分の国の通貨を持たない国もあります。そういう国は、代わりに他の国と一緒に共通通貨を運用しています。ヨーロッパの19の国が、ユーロを統一通貨に使う独自の通貨同盟を作りました。ヨーロッパの中にはユーロ圏でないのに、自分の国の通貨の他にユーロを併用している国もあります。なぜかというと、それらの国がユーロの価値は下がらないと信用しているから。一方、アメリカの通貨、USドルを信頼する国もあります。そのため2014年にはアメリカの他に18の国が、USドルを自分の国の通貨に使っていました。

新しい紙幣を発表します……

3 お金ってなんだろう？ お金について、お金をどう扱うべきか

仮想通貨ってなに？

仮想通貨と呼ばれる、新しいデジタル通貨がつい最近、生まれました。これはお札や硬貨のように形がなく、データベース上の数字としてのみ存在するお金のこと。仮想通貨はどこかの国の政府が作ったわけではないため、特定の国や地域のものではありません。

現在、一番よく知られている仮想通貨はビットコイン。ビットコインは、匿名のプログラマーが考えたプログラムによって、2009年に作られました。そのプログラマーは、ほぼ無料で使えて、どこかの国の政府に統制されるわけでもない、なににも左右されない通貨を作ろうとしました。このビットコインを作っているのは、中央銀行じゃなく、コンピュータのプログラムなのです。

ビットコインの人気にたちまち火がつき、インターネットや世界中のレストランやお店での支払いに使えるようになりました。だけどこの仮想通貨が実際、どれぐらいうまく機能するかはわかっていません。万一、ビットコインの価値や運営について疑いが生じれば、その価値は急落し、なんの価値もないただの文字に変わるかもしれないのです。

2009年、ビットコインが生まれてから、その価値は上がったり下がったりしてきました。主な理由は、ビットコインを作ったのが誰か、知っている人がいないこと、またその価値に気を配る政府がなかったこと。ビットコインの仕組みについて不安に思う人が多いと、その価値は急落します。

お金をなにに使う？

昔、お金がまだ使われていなかった頃は、必要なものを自分たちで調達しなくてはいけませんでした。田畑を耕したり、海で魚を捕まえたり、必要なものを自分で作ったり。これを自給自足と言います。自分ではどうしても作れないものや、できないことは、誰かからもらったり、やってもらったりしました。そのお礼としてまた別のものをあげたり、なにかしてあげたりしたのです。これを**物々交換**と言います。この次の**さらに知りたい人へ**（32ページ）で、未来のお金の使い方を紹介したので見てみて。物々交換についてもさらに知ることができます。自給自足と物々交換の他に、選択肢がなかった時

3 お金ってなんだろう？ お金について、お金をどう扱うべきか

代、人類はさまざまな困難に直面したようです。たとえば、作物があまりとれなかったら、食べ物にありつけなくなってしまいます。物々交換もなにとなにを交換すれば対等なのか、わかりにくかったのです。

お金のない時代や土地で自分が生きるところを想像してみて。新しい靴が必要なときに、自分で作ることができないと交換する必要があります。まずはあなたと同じ大きさの靴があまっている人、もしくはあなたのために靴を作ってくれる人を探す必要があります。それから靴の売り手に、お返しになにをあげたらいいかも調べなくてはいけません。相手がたとえばりんごをほしがっていたら？　りんごがなっている木がなくて、他にりんごを調達する術がなければ、靴を手に入れることはできません。たとえりんごがあっても、いくつといくつを交換すれば、同じ価値になるのかを考えるのは難しいよね。一組の靴はりんご何個分の価値があるのかな？

こういった問題を解決するため、お金が使われるようになりました。私たちは現在<u>お金を、交換する道具と価値を計る道具の両方として使</u>っています。お金があれば、あなたは靴屋さんに行って、靴を買えます。靴屋さんのほうは、そのお金でりんごを持っている人からりんごを買えます。物に値段をつけることで、交換がスムーズにできるようになりました。値段は、靴やりんごの価値を私たちに教えてくれます。そうしてある物と別の物の価値が比べやすくなるのです。

また、<u>お金は価値を保つ役割も果たします。</u>新しい靴を買うのを待とうと決心したなら、お金を銀行に預けるか、貯金箱に入れて貯められます。りんごを食べずに置いておくと、古くなって腐ってしまいます。でもお金なら置いておいても、価値が失われることはないでしょ？

「ブルックリンの屋上に種をまく」──ニューヨークのブルックリンの屋上テラスで野菜を作る女性の記事。女性は「こんなにすぐそばで野菜を作れるのに、なぜ遠くで作られた野菜をはるばる運んでくる必要があるのか」と疑問を投げかけています。この菜園は自治体から補助金を受けています。屋上で野菜を育てることは、都市の気温を下げるのに役立つからです。

屋上菜園は世界中の大都市に広まるトレンドです。ニューヨーク、ロンドン、コペンハーゲン、東京、他たくさんの都市のマンションやビルの屋上で、栽培が行われています。これは新鮮な野菜を手に入れるため、また地域の環境をよみがえらせるためでもあります。このようにして自給自足が、現在の都市生活の小さくても重要な一部を成すようになるのです。

さらに知りたい人へ

未来ではあまりお金が使われなくなる？

世界には、お金以外のものを使って必要なものを手に入れられる地域がある、って知ってる？ それは貧しい農村地帯に限った話ではありません。ルーマニアのシゲトゥ・マルマーツィエイは、人口およそ4万人の町。シゲトゥ・マルマーツィエイにも、世界の大半の町と同じく、高層ビルが建ち、車が通り、人々がお金を稼ごうと毎日会社に通います。でもこの町に住む人たちは、お金を使って売り買いする貨幣経済のみで生きているわけではありません。かつてノルウェーで一般的だった自給自足と交換経済を、貨幣経済とあわせて使っています。シゲトゥ・マルマーツィエイの人たちは、自分自身で食べ物をたくさん育てているのです。大半の家の裏庭には、小さな家庭菜園があって、住民はそこで野菜を育てているし、鶏を飼っている家まであります。また、ものとサービスを交換するシステムも作り上げました。そうしてお金を使わずに必要なものを手に入れ、必要ないものを手放せるようにしたんですって。

シゲトゥ・マルマーツィエイの暮らしには、昔の暮らしと似たところがたくさんあります。この町で自給自足と交換経済のシステムが続い

ているのは、なにより町がかつて貧しく、産業もほとんどなかったことが理由になっているそうです。こういう町は未来に向けたヒントとなる、と言う人が多いのです。貨幣経済を物々交換や自給自足と組み合わせることに関心を持つ人が今、西洋に増えてきているようです。新しくお金を払って買う代わりに、交換でものやサービスを手放そうというインターネットのグループやページが、たくさんあるはず。また、バルコニーや庭や市民農園などで、自分で野菜やハーブを育てる人も増えてきています。

シゲトゥ・マルマーツィエイのような暮らしぶりは、地域レベル、地球レベルで環境によい影響を及ぼすので、将来、重要になるかもしれません。貨幣経済を自給自足と交換経済と組み合わせる場合、地域の人同士が密接に協力し合わなくてはいけません。同時に世界の他の地域から品物を運んでくる必要性がなくなるので、環境を破壊せずに済みますね。

日本では？

日本にも「地域通貨」を導入している地域があります。地域の自治会や商店街、市民団体等が地域活性化や地域コミュニティでの助け合い目的で発行しているものが多いのです。

東京・高田馬場の「アトム通貨」や国分寺市の「ぶんじ」は、イベントへの参加や口コミを書くとお礼にもらうことができ、地域のお店でもお金の代わりに実際に使うことができます。一方、埼玉県秩父市みやのかわ商店街では、助けを必要とする高齢者世帯等にボランティアを派遣しています。商店街が仲介となってボランティアの対価を地域限定の商品券で支払うことで、地域商店街の活性化にも一役買っています。

3 お金ってなんだろう？ お金について、お金をどう扱うべきか

話し合ってみよう！

お金ってどれぐらい大切？

お父さんとお母さん、きょうだいや友達に、お金をどれぐらい大切だと思っているか聞いてみて。できるだけたくさんお金を手に入れようとすることと、お金を大事にすることは同じ？ お金をたくさん持つメリットは、言わなくてもわかるよね？ じゃあ、欠点は？ 逆にお金があまりないことに、メリットなんてある？

お金をどう扱ったらいい?
予算を立て、使い、貯金することについて

この本の目的の1つは、お金の知識を身につけることで、自分自身の経済をコントロールできるようになること。あなたはそのために、どうやってお金を手に入れるかだけでなく、お金をどう使うかも知らなくてはいけません。お金が手に入ったら、――すぐに使ってしまう？ あとで使えるよう貯めておく？ なにを選んだらいいか、どうしたらわかるの？

この章では、あなたがお金について把握する簡単な方法をいくつか見ていきます。これでお金をどう扱えばいいかわかるはず。こうすれば、思ったとおりに予算管理できるようになるでしょう。

使いたい、貯めたい?

お金を手にして最初に考えなくてはいけないのは、すぐに使うか、それともすべて、もしくは一部をとっておくか。もちろん深く考えず、使うこともできます。でも冷静になって少し考えてみると、他に選択肢がいっぱいあることに気がつくはず。どうするべきか知る簡単な方法は、あなたがしたいこと、買いたいものをすべてリストにまとめること。たちまち長いリストができあがるでしょう。そのため**優先順位**をつけなくちゃダメ。優先順位をつける、ということは、他のことよりなにを先にするべきか選ぶことなのです。大切だと思うことを選ぶのが大事。映画館に行きたいのか、それとも今ちょっとしたものを買いたいのか、はたまたあとで大きなものを買えるよう、貯めておくか。決めるのは、あなたです。大切なのは、よく考えたうえで選ぶこと。

知ってる？

貯金するってどういうこと？

貯金するということは、お金を持っているのに、使うのを待つということ。つまり、お金を使う時期を後ろにずらすわけ。貯金することは、借金するのとは正反対の意味を持ちます。貯金の欠点は、自分のお金なのに、使うのを一定期間がまんすること。良い点は、お金が貯まれば、さらに高いものを買えるところ。

特にほしいものがなくても、貯金はできます。この場合、貯めたお金は予備費になり、お金が必要になるときまで、とっておけます。予備費をいつも少しとっておくようにすると、買い物の自由を手に入れられるようになります。大人になって、家計の責任を持つようになると、蓄えがあなたの人生の心配事を減らしてくれると気づくはずです。

予算ってなに？

お金をどう管理するべきか、もう少しきっちり計画を立てたいのであれば、**予算**を立てることをオススメします。予算とは、お金の使い道の計画を立てること。簡単に言うと、収入と支出の2つの数字を表にしたものです。**収入**は稼いだお金やあなたに入るお金のこと。**支出**はあなたが使う予定のお金のことです。

収入からすべての支出を引くと、**貯金額**がわかります。上の例で挙げられている収入をすべて足すと、合計1,300円になりますね。映画代とおやつ代は、あわせて1,100円。収入が支出より多ければ、予算が**あまる**ということ。つまり、お金が手元に残ります。今回は200円、残ります。このお金は使う、もしくは貯めることができます。もしも支出が収入より多ければ、**赤字**が出そうだということ。つまり、持っている額よりたくさんのお金を使う予算を立ててしまったということです。この場合、収入を増やすか、支出を減らすかしなくてはいけません。収入と支出が一緒なら、収支のバランスがとれているということです。

あなたはどうやって予算を使う?

あなたは自分のお金について知り、管理するために予算を使えます。もっとたくさんほしい

ものがあるけど、なにを買っていいか、なにを選ぶべきかよくわからなかったら、何パターンか予算を立ててみるのもいいかもしれませんね。

あなたが夏休みにアルバイトをするとしたら？　たとえば給料は週に10,000円。それを4週間続けると、全部で合わせて40,000円になります。すごい大金ですね。あなたはそのとき、どれぐらいお金の余裕があるのかな？　予算を立てれば、わかります。自分がほしいもの、それがいくらするのか、それにできれば貯金額も表にするのです。こうしてあなたはお金が足りているか知ることができます。

左下の予算から、あなたが自分で稼ぐよりたくさんのお金を使いたいのに、貯金もしたいと考えていることがわかります。赤字は6,000円。さあ、どうしよう？　もっとアルバイトを入れて、収入を増やす？

収入が増やせそうになければ、買うものを減らすか、貯金をあきらめるか考えなくてはいけません。あなたにとって大事なものはなに？　将来のことも見すえて、考えてみて。一番大事なのは、新しい携帯電話を買うこと？　それなら映画代とおやつ代、服代を削ればいいでしょう。もしくは安いものを選ぶのはどう？

それとも「貯金」をあきらめる？　でも本当にそれでいいのかな？　貯金って、まるで訓練みたいですね。日常生活に取り入れられるほど、高い成果を上げられます。貯金は、より高いものを買うためだけに、するのではありません。貯金することで、想定外の支出に使える経済的余裕が生まれます。貯金はこのように残りの人生をずっと楽しむことのできる習慣になるでしょう。

優先順位の付け方について思い悩むなら、何パターンか予算を立ててみてはどう？　それらを比べて考えるうちに、収支のバランスを上手にとれるようになるでしょう。そうして一番大事なものを優先できるようになるのです。

4　お金をどう扱ったらいい？　予算を立て、使い、貯金することについて

夏休みのアルバイト

夏休みのアルバイト	40,000円
①収入合計（4週間）	40,000円
映画（1週間に1回、4週間）	4,000円
映画館のスナック代（500円×4回）	2,000円
携帯機種変更料	25,000円
新しい上着	5,000円
新しいズボン	8,000円
②支出合計（4週間）	44,000円
③貯金（1週間500円を4週間）	2,000円
合計（収入−支出−貯金）①　②　③	−6,000円

どうやってお金を貯められる？

あなたが自分の持っているお金の一部を貯めよう、と決心したら、小さい頃みたいに貯金箱にお金を入れることもできますね。これはお札や硬貨を貯める、わかりやすいやり方だけど、欠点が2つあります。1つ目は、誰もお金を守ってくれないこと。もしもあなたの家に泥棒が入れば、泥棒にその貯金箱を持っていかれる危険性があります。2つ目は、銀行に預金していたらもらえるはずの利息をもらい損ねてしまうところ。

 さらに考えよう！

この本のダウンロードサイトから、予算表のひな形を無料でダウンロードできます。この予算表に収入と支出を入力して、予算を立ててみましょう。

Web 予算表のダウンロード
www.shoeisha.co.jp/book/download/9784798155173/

 知ってる？

予算を立て、役立てるための4つのステップ

1. 自分の収入を把握する

収入にはたとえば、お給料、おこづかい、お祝い金があります。もらった額を予算の表に書き入れてみて。税金を納めなくてはならないほど、たくさん稼いだなら、税金を支払ったあとの収入を書き入れましょう（第6章で税金とはなにか、誰が税金を納める義務があるか、詳しく見ていきます）。

2. あなたの支出を知る

あなたもなにかにお金を使ったことがあるはず。それはなにに使った？ 他になにか買いたい物はある？ 買い物したときのレシートをとっておけば、なににお金を使ったかわかります。カードで買い物をしたなら、ネット銀行の入出金明細を見れば、なにに使ったのか確かめられます。

3. 貯金状況を評価する

お金をいくら貯金したいか考えてみましょう。そして貯金したい額を書き入れてください。今回、貯金したくないのであれば、「貯金　0円」と書けばいいのです。これであなたは貯金という選択肢があることを頭に入れておけるでしょ？

4. 管理しよう！ 数字で遊ぼう！

なににお金を使うか優先順位をつけましょう。一番大事な支出を最初に持ってきます。どの支出が必要な支出？ いくつかある支出のうち、一番大事なのは？ できれば予算案を2つ以上作るといいですね。数字で遊びましょう！ 予算を立てることで、自分にどんな選択肢があるか知ることができます。なにを選ぶかはあなた次第です。

第2章では、銀行にお金を預けるということは、銀行にお金を貸しているということを学びました。そのお礼に、銀行はあなたに利息を払い、あなたはさらなる収入を得られます。おまけに銀行にお金を預けるのは、とても安全。万一銀行が強盗にあっても、預金は返してもらえるから。こんなふうに貯金箱でなく銀行の貯蓄口座にお金を入れる理由はたくさんあるのです。

　たいていの銀行は子どもや若者向けの預金プログラムを用意しています。そのプログラムであなたは自分の貯蓄口座を持ち、お金を預けたいときに預けたり、毎月決まった額を貯めたりできます。貯蓄口座は、普通のカード支払い口座より、もらえる利息が少し高いのです。カード代金の支払い口座から何回まで手数料無料で下ろせるか知ることが大事。お金をしょっちゅう下ろせば、毎回手数料を支払わなくてはいけないんだから。

　手数料とは、銀行が利用者に負担してもらうお金のこと。金利を何％にして、手数料をいくらとるかは銀行によってまちまち。だからどの銀行で貯蓄口座を開くか決める前に、いくつかの銀行をお家の人と一緒に、確かめてみるといいんじゃないかな？

日本では？

　年齢が上がるにつれて、クラブ活動の道具や楽器、旅行など、まとまったお金が必要になることがあります。そんなときに備えて、もらったお年玉やおこづかいの中からお金を貯めておきましょう。預金口座を作るときには、親と一緒に口座を開く金融機関に出かけること。そのときは、親の身分証明書（運転免許証やパスポート、マイナンバーカードなど）、子どもの身分証明書（マイナンバーカードや健康保険証など）、印鑑、お金が必要になります。日本では、子ども用の特別な預金プログラムは用意されていませんが、実際に自分の預金通帳を持って、金融機関に出向く習慣は、経済を身近に感じる良いチャンスとなります。

4 お金をどう扱ったらいい？予算を立て、使い、貯金することについて

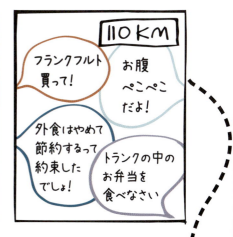

> 話し合ってみよう！

なんのために貯金する？

家族みんなで貯金の目的について話し合ってみよう。家族会議を開いて、買いたいもの、みんなでしたいことがないか考えてみて。大きなものでも小さなものでも、かまいません。いくらかかるか調べ、そのお金を貯めるため、一人一人がなにをできるか話し合ってみましょう。

家族の代表者が、共通の予定に向かって、毎週、または毎月、決まった額を貯める、ってのはどう？ 日常的な支出で削れそうなものはある？ 食堂でお昼を注文する代わりに、お弁当を持っていくのは？ バスの代わりに自転車に乗るとか？ 携帯電話の料金プランを、安いプランに乗り換えてみるのはどう？ お父さん、お母さんが通勤途中にいつも買うコーヒー代を節約しては？ たとえばコーヒー1杯300円。1日で見れば大した額じゃないように思えるかもしれません。でも1日1杯飲んだら1年で、10万9,500円もかかってしまうのです。

他の習慣を変えることでも節約できるかも。たとえば、出来合いのお惣菜を買うのを控えて、できるだけ手作りするようにするとか。なにを作るか前もって計画を立てておけば、それほど手間はかからないんじゃない？ お父さん、お母さんが音を上げないよう、週に2、3回、あなたが中心となって買い出しまたは夕飯作りをしてみてはどう？ そういったことを実際に行動に移すことが、節約につながります。浮いたお金は家族共通の計画に使えるよね。

共通の目標に向かってお金を貯めれば、家族みんなが同じ方向を見て、家計への意識を高められるし、1つの目標を達成するため、力を合わせる喜びを味わえます。一度、身につけた貯金の習慣は、一生ものだと考えれば、悪くないんじゃない？

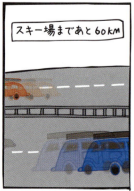

SPARER SELV: I familier som har under 500.000 kroner i samlet inntekt er det flere barn som sparer på egen hånd enn i mer velstående familier, ifølge ny undersøkelse. Foto: Illustrasjonsfoto: Colourbox.com

Undersøkelse: Flere barn sparer i fattigere familier

Barn av foreldre som har under en halv million i samlet årslønn sparer oftere enn barn i mer velstående familier.

KARL WIG

Publisert: 15.08.2014

Det kommer frem i en ny norsk undersøkelse som Ipsos MMI har gjort for Nordea.

I undersøkelsen ble vel 1100 foreldrene spurt om hvorvidt barna deres sparer på egen hånd.

Foreldrene ble så delt inn i tre inntektsgrupper for å kartlegge hvordan familiens økonomi kan spille inn.

Færre når familien er rikere. Blant foreldre med en samlet inntekt på under 500.000 kroner i året, oppgir 84 prosent at barna deres sparer penger selv.

Og i motsetning til hva en kanskje skulle tro, stiger ikke andelen barnesparere i familiene med mer penger til overs.

For blant de spurte foreldrene med en samlet inntekt på mellom 500.000 og 800.000 kroner i året er andelen barn som sparer 82 prosent, altså litt lavere.

Les også: Sebastian (10) ba om eget bankkort for å spare mer

Tar oftere økonomiprat. Andelen øker heller ikke blant foreldre som tjener over 800.000 kroner samlet, hvor også 82 prosent oppgir at barna deres sparer.

お金の余裕がない家で育った子どもは、豊かな家の子どもより、たくさん貯金しているという記事。貧しい家の子どもは貯金しないとほしいものを買えないから？ それともお金の余裕がないと大変だと、経験上、知っているからかな？

どうしたら安全に買い物ができる?
デビットカードとクレジットカード、インターネットショッピングについて

「5歳の子がiPadのアプリで、1万5,000ノルウェー・クローネ(およそ20万円)を使ってしまった。家の人の財布を、たった5分で空っぽにしてしまったのだ」。これはゲームを無料と勘違いして、ダウンロードしてしまった5歳のダニーという子について、ニュースが取り上げたときの記事のタイトルです。ゲームの中でアイテムを買うと、お母さんの銀行口座から実際にお金が引き落とされてしまう、ということをダニーは知りませんでした。

この一件から、財布に入っている(従来の)お金ではなく、目に見えないお金だと、お金の出入りを把握するのが難しいってことがわかります。それにインターネットとゲームの支払いが、子どもと大人両方にとってトラブルになる可能性があるってこともわかります。ダニーのお母さんは子どものゲームの機能を把握していなかったうえに、カードを安全に利用できていなかった(アプリ内購入を制限していなかった)のです。

この章では、どうしたらあなたがお金を失うことなく、カードを安全に使い、インターネットやゲームで安全に買い物ができるのかを詳しく見ていきましょう。また最終的には、デビットカード、クレジットカードの違いも知ってほしいところ。クレジットカードを使うと高くつくこともあるのですから。

誰がカードを持てる?

あなたはカードがほしい? それとも、もう持ってる?

デビットカードを持つのにノルウェーでは年齢制限はないけれど、日本の場合は15〜16歳としている銀行が多くなっています。また、クレジットカードを持つのにノルウェーでは年齢制限はないけれど、日本では18歳にならないと持てません（ただし日本では18歳になっても、まだ高校生だと持てない）。ノルウェーでは7歳や8歳のまだ幼い子どもにカードを発行する銀行もあります。ノルウェーでもそんなに幼い子どもがカードを安全に使いこなせるのか、と心配の声が多く上がりました。そのためノルウェー政府は今では、自分のカードを持つのは10歳になってからにするよう勧めています。

ノルウェー政府がそう勧めるのは、お金を失わないよう、幼い子どもを守るためです。手にとってお金に触れないと、実感しづらいでしょ？ 財布または貯金箱が空になれば、お金がなくなったと誰でもはっきりわかります。でも銀行口座がほとんど空になっても、それを実感するのは形のあるお金に比べて難しいのです。

日本では？

未成年が使うカードというと、電車やバスに乗ったり、コンビニなどで使える電子マネーが一般的です。日本ではまだデビットカードはあまり利用されていませんが、海外ではとてもよく使われています。

デビットカードは、銀行口座にある残高の範囲内で使えるカードです。支払いを先送りするクレジットカードと違って、買い物をした瞬間に預金残高の範囲内で決済できるので、お店にとっても支払いが滞るリスクがありません。そのため、収入のない未成年でもカードを作ることができます。デビットカードは一般的に銀行口座に付帯していて、日本では15歳から利用できるところが多いです。

日本では支払いというとまだ現金が主流ですが、日本でも今後ますますキャッシュレス決済が主流化していくでしょう。

知ってる？

子どもとデビットカード、クレジットカードに関する決まり

あなたのカードはどういう仕組みになっているの？

デビットカードは銀行口座と直接つながっています。デビットカードを使えるようにするには、あなたか他の誰かが口座にお金を入れなくてはなりません。お金が口座に入っていれば、品物やサービスの支払いにカードが使えます。銀行口座が空っぽになってしまうと、お金を口座に入れるまでカードは使えません。デビットカードで支払うのは、自分のお金を使っているのと同じなのです。

一方、クレジットカードを使うということは、あなたはお金を借りることになります。

第3章でお金は信頼と結びついている、と言ったよね。クレジットカードのクレジットは英語で信用という意味。あとでちゃんと代金を支払うという信用があるから、カードで買い物ができるのです。小さなデータチップが入ったこのプラスチックのカードが本当に使え、価値がなくならないと信用できるよう、銀行と政府はさまざまな安全対策をしています。ここで注目するべきなのは、カードの使用者一人一人に、番号が割り当てられるところ。この番号は、安全を確保するために用意された4桁の暗証番号で、カードを使うとき、入力するものです。あなたは暗証番号を頭の中に記憶して、誰にも言ってはいけません。暗証番号は、他の人にお金を引き出されないようにするためのもの。万一忘れてしまったら、銀行に連絡して、新しいカードをもらう必要があります。

自分がお金をいつなにに使ったか把握するため、**ネット銀行やテレフォンバンキング（テレバンク）** を使うこともできます。ネット銀行はお金を入出金したり、口座残高をインターネット上でチェックしたりできる銀行サービスです。テレフォンバンキングはこれと同じ情報を、電話を使って提供するものです。携帯電話やタブレットで銀行口座にアクセスできる独自のアプリケーション（アプリ）を用意している銀行もたくさんあります。あなたは個人のパスワードや暗証番号を使ってこれにログインし、残高を確かめられます。このアプリで**取引明細書**を見て、口座の入出金をすべて把握することもできるのです。第4章に出てきたとおり、家族で予算を立てるとき、取引明細書は役に立ちます。

知ってる？

デビットカードとクレジットカードについて知っておくべきこと

- 銀行口座にいくら残っているか常に把握しておこう。
- 口座に入っている額よりたくさん使わないようにして。
- カードと暗証番号はあなただけのもの。つまり、カードを使えるのはあなたのみで、暗証番号は内緒ってこと。あなたのお父さん、お母さんであっても、カードを使わせてはならないの。
- カードに暗証番号を書き入れたり、カードケースに暗証番号のメモを入れておいたりしては絶対、ダメ。泥棒の手に渡ったら、引き出されてしまうもの。
- カードをなくしてしまったら、両親に伝えてから、急いで銀行に連絡して。銀行はカードをすぐ止めてくれる。すると古いカードは使えなくなる。新しいカードを発行してもらうには、手数料というお金がかかる場合が多い。

さらに知りたい人へ

ノルウェーは世界一のクレジットカード使用国

ノルウェーとスウェーデンは世界で一番、現金を使わない国です。ノルウェー人とスウェーデン人は現金の代わりに、カードや携帯電話の決済システム、またはインターネットを使ったデジタルマネーで支払いをします。2013年に、ノルウェーで使われたお金のうち、お札と硬貨はわずか5.5%でした。

でも他の大半の国では、現金を使うほうが一般的です。たとえば日本やユーロ圏では、支払いのおよそ18%が現金。アメリカでは支払いのおよそ半分（47%）がお札や硬貨でされているそうです。

デビットカードとクレジットカードの違いはなに？

あなたは18歳になると、クレジットカードを手に入れることができます（ただし高校生はダメ）。クレジットカードはデビットカードと見た目が似ていて、同じようなことに使えはしても、大きな違いがあります。この違いがわかっていないと、大きな損をしかねません。だから、今、学んでおきましょう。たとえ自分でクレジットカードを持てるのは、もうしばらく先だとしても。

クレジットカードを使うと、借金をすることになるのに対して、デビットカードの場合、自分のお金を使うことになります。これが2つのカードの大きな違いです。

第2章で「金融機関でお金を借りたら、利子を払わなくてはいけない」と話したよね。クレジットカードを使うことで、借りるローンは**消費者ローン**（カードローン）と呼ばれています。消費者ローンには、利子がたくさんかかります。自分の預金残高の範囲内で買い物ができるデビットカードに対して、クレジットカードでは銀行口座にお金が入っていなくても買い物ができ、お金を借りることもできます。お金の使い道が決まっていて、借りるときには厳しい審査がある住宅ローンや教育ローンに比べると、消費者ローンはお金を使う目的は聞かれません。だから、利用者の中には、すでにたくさん借金を抱えていてお金を返せない人が交じっていることも。そのため、クレジットカードで借りたお金の金利は高めに設定されています。つまり、クレジットカードを使うと、デビットカードで自分自身のお金を使うよりも高くつくのです。

さらに考えよう！

クレジットカードで買い物すると、1年間に15〜20％程度の利子を払わなくてはいけません。商品代金1万円のほかに、1,500〜2,000円の利子を払わなくてはいけない、ということ。

クレジットカードの利子は、返済期間が長くなるほど、どんどんふくらんでいきます。これは**複利**のせい。「元金（借りたお金）＋利息」を新たな元金として計算する複利では、クレジットカードで借りた額が多ければ多いほど、借りる期間が長くなるほど、利子も多くなり、元金つまり借金の額は勢いよく転がされる雪だるまみたいに大きくなっていきます。

でも幸い、クレジットカードの買い物でも、購入時に1回払いを選べば、利子を払わなくて済みます。毎月、カード会社はあなたのところに請求書を送ってきますが、そのときまでに代金を口座に入金しておけば、商品代金だけの支払いで済みます。

クレジットカードの良いところは、お金が手に入る前に、借りたお金でほしいものを買えるところ。悪いところは、お金を期限までに払わないと、品物自体の額よりずっと多くのお金を払わなくちゃならないところ。

返すのを先延ばしにするほど、利子はどんどんふくらんでいく、って知ってたかな？

カードでどうやって安全に買い物できる？

　いくつかの単純なルールにちゃんと従えば、カードで支払うのは安全だし簡単です。POS（販売時点情報管理）端末のあるお店やカフェ、その他の場所でカードを使うとき、気をつけなくてはいけないのは、暗証番号を入力するとき、誰にも手元を見られないようにすることぐらい。それさえ気をつければ、ほとんどの場合は安全にカードを使えます。ただし、インターネットでの買い物にカードを使う場合は、気をつけなくてはいけないことがもう少しあります（お父さん、お母さんに許可を得ていることが大前提！）。

　インターネットショッピングってすごい！たくさんあるインターネットの通販（ネットショップ）の中から選んで買えるし、商品を世界中から送ってもらえます。ということは、ネットショップをやっているのが誰か、相手があなたをだまそうとたくらんでいないか、必ずしも簡単に知ることはできない、ということです。あなたの暮らす地元の店でなにか買って、間違った品物が届いたり、お金を余分にとられたりしたら、そのお店に戻って文句を言うのは簡単だよね？　でもインターネットショッピングで同じことが起きた場合、相手の誤りを正すのは必ずしも簡単ではありません。大半のネットショップの運営者は購入者と離れた場所で暮らしているので、直接訪ねるのは難しいのです。また、警察ができることにも限りがあります。知らないネットショップで買い物をするときには、問題ないか大人にチェックしてもらいましょう。次のページの知ってる？では、インターネットでショッピングをするとき、使えるチェックリストを紹介しているから見てみて。

ネットショッピングのチェックリスト

☐ **1. そのネットショップ、ちゃんとしている？**

いいネットショップは連絡先、つまり住所や電話番号がはっきり書かれているはず。

☐ **2. 口コミを見てみよう**

インターネットを使って、ネットショップについての口コミを見てみて。たとえば、ノルウェーでは、欧州消費者センターネットワーク（www.forbrukereuropa.no）やノルウェーポスト（www.posten.no）など、信用できるネットショップか確かめられるサイトもあります。消費者オンブズマン（www.forbrukertilsynet.no）は、ちゃんとしていないネットショップのリストを独自に作っています。

日本では？

適正な販売業者かどうかを判断する目安として、日本通信販売協会が通信販売業者の審査を行い、JADMAマークを付与しています。

Web 公益社団法人 日本通信販売協会JADMA（ジャドマ）
www.jadma.org

また、以下のサイトに通信販売サイトのチェックの視点が示されていますので、参考にしてください。

Web チェックの視点～画面を確認しよう～／東京くらしWEB
www.shouhiseikatu.metro.tokyo.jp/torihiki/f_tori/t_internet/check.html

☐ **3. 購入条件を必ずチェック**

ネットショップの購入条件をしっかり読むのを忘れずに。購入条件とは、商品の配達が遅れたり、あなたが注文をキャンセルしたり、返品したりしたい場合、どうするかについて、それぞれのお店が定めた決まりのこと。読んでみていいと思わなかったら、別のお店で買ったほうがいいでしょう。

☐ **4. 海外のネットショップかどうか**

ノルウェーでは、海外のネットショップで一定額（2015年は350ノルウェー・クローネ／およそ4,600円）以上買い物をしたら、商品の値段の他に付加価値税を払わなくてはいけません。それに服を買うなら、関税も支払わなくてはいけません（付加価値税と関税については第6章で詳しく話します）。

日本では？

海外のネットショップ（海外通販）で一定額以上の商品を購入した場合、個人輸入として課税されます。日本の法律では、個人輸入した商品総額の60％が課税対象となり、課税対象額が1万円から関税・消費税・通関手数料がかかります。そのため、商品総額が16,666円（16,666円×60％＝9,999円）以下であれば、税金はかかりません。購入総額がこの金額を超えると、関税・消費税・通関手数料（200円～）がかかります。

なお、課税価格の合計額が20万円以下のときには、こちらの簡易税率表に基づいて関税が計算されます。

Web 少額輸入貨物の簡易税率／税関 Japan Customs
www.customs.go.jp/tsukan/kanizeiritsu.htm

□5. 支払いは慎重に

　上の1.〜4.を確かめないうちに、個人情報またはカード情報を相手に伝えてはダメ。自分の銀行口座から直接お金を振り込むのも、絶対にやめること。商品を受け取る前にお金を払うのがイヤなら、納品書（請求書）を送るよう、頼むこともできます。代金引換で荷物を受け取ってもいいでしょう（郵便局や宅配業者から荷物をもらうとき、お金を払います）。納品書を発行してもらうのも**代金引換**も、たいていカードで払うより少し余分にお金がかかります。カードで払うなら、そのサイトに支払い方法がちゃんと書かれているか確認すること。あと、サイトアドレスの上にhttps://が付いていれば、しっかりとしたサイトである証拠です。

日本では？

　ゲームや動画、アプリなどのコンテンツを買おうと思ったときに、便利なのがプリペイドカードです。インターネットで買い物をするときには、クレジットカードの番号と暗証番号を入力するか、銀行振り込み、代金引換などを選択するのが一般的ですが、音楽やゲーム等のダウンロードコンテンツを買う場合には、そもそも配達が必要ないので代金引換が存在しません。また、子どもたちはそもそもクレジットカードを所有できません。そこで、コンビニ等で売られている、LINEカード、Amazonカード、楽天カードなどのプリペイドカードが有効な決済手段となります。

　プリペイドカードは、2,000円、5,000円などと金額が表示されたカードで、店頭でカード購入時に額面相当の金額を支払います。利用するときには、サイト内でカード番号を入力すると、残高の範囲内で買い物ができるようになります。

　とても便利な仕組みですが、知人を装ってプリペイドカードを大量に買わせてカード番号を聞き取る犯罪が多発しています。怪しい人にはプリペイドカード番号を教えないように気をつけましょう。

　子どもが知らず知らずのうちに、サイトの購入ボタンを押して、お金を使ってしまった例はたくさんあります。iOSアプリ「スマーフ・ビレッジ」はノルウェーで最初の例。アプリ内で利用する通貨「スマーフベリー」を購入すると、親が登録した本物のクレジットカードで支払いが行われることを、子どもたちは知りませんでした。最終的にアプリ製作会社がおよそ2億ノルウェー・クローネ（およそ27億円）を利用者に返金したそうです。

アプリ内購入には気をつけよう！

　この章の始めに、本物のお金と知らず、ゲームで1万5,000ノルウェー・クローネ（およそ20万円）使ってしまった5歳のダニーの話を思い出して。ダニーは、「アプリ内購入」または「アプリ内課金」と呼ばれるサービスを使ったのでしょう。これは、スマートフォンやタブレットにアプリをダウンロードすると使えるようになる、課金（料金支払い）用の機能。アプリのダウンロードだけなら無料の場合が多いけど、アプリを使ったり機能を追加したりするのにお金がかかる（課金が必要な）ことがあります。この支払いには、あなたやお父さん、お母さんが前もって登録しておいたカードを使います。だから本物のお金で払ったと気づきにくいってわけ。

　ダニーのお母さんと同じような目にあいたくなければ、あなたかお父さん、お母さんがアプリストア（App StoreやGoogle Play）でカードを登録するとき、毎回違うパスワードにするといいのです。そうすれば他の誰もそのカードを使うことはできないし、自分でパスワードを入力するたび、「本物のお金を使うんだ」って意識できるでしょ？　iPhoneとiPadの場合、プログラムの設定のところで、アプリ内での購入をすべてオフにして制限できます。Androidの場合、Google Playからのすべての購入時、パスワードを入力するように設定できます。いつの間にか購入ボタンを押してしまい、お金を使ってしまう人はたくさんいます。だからヨーロッパの政府は現在、こういった支払いをより安全にするため、新たな決まりを作ろうとしているのです。

話し合ってみよう！

カードをどう使うべき？

　カードをほしいと思っているか、すでにカードを持っているなら、カードの使い方についておうちの人と話し合ってみて。

- 口座のお金を全部使い切っていいことにする？　それともいくら使っていいか決める？
- 友達の誕生日プレゼントを買うとき、預金から出す？　それとも別にお金をもらう？
- バスの定期や携帯代は自分で払う？
- あなたがお金の使い方を自分で管理できるよう、予算を立てるのをお父さん、お母さんに手伝ってもらう？

　口座を好きに使う自由を手にすれば、それだけお金の使い方をしっかり考えるのが大事になるってこと、頭に入れておこう。

5　どうしたら安全に買い物ができる？　デビットカードとクレジットカード、インターネットショッピングについて

誕生日プレゼントに3,000円使ったら、お菓子を買うお金がなくなっちゃうぞ。

それはイヤだ！誕生日プレゼント、2,000円ので いいや。

第2部 あなたと社会

あなた（個人）のお金は、
周りの世界とどう結びついている？

自分のお金をどう使うか、あなたのした選択が、あなただけでなく他の多くの人に影響を及ぼす、って考えたことある？　この本の第1部では、あなたのお金をどう管理し、あなたにとって適切な方法で使えるかを考えたよね？　第2部では、あなたのお金があなたの周りの世界とどう結びついているかをさらに詳しく見ていきます。経済についてあなたがした選択が、あなたの生きる社会にどう影響するのかな？　逆にこの社会の経済の動きは、あなた（個人）にどう影響するのだろう？

　次の3つの章で、あなたの生活と社会経済が結びついている、さまざまな分野を見ていきます。まず第6章では、あなたと税制について、そして第7章では、消費者としてのあなたが、周りの世界にどう影響し、また同時にどう影響されるのか、考えます。続いて第8章では、あなたと銀行制度について、詳しく見ていきましょう。

　そして第2部の最後、第9章では、経済の難しい面について説明します。あなたのおうちの人が仕事を失ったらどうなる？　貧困って一体なに？

あなたと税制
税金と脱税と政治

この章では、税金とはなにか、あなたの日常が国の税制とどう結びついているかを詳しく見ていきます。税金は誰が払うもので、なにに使われているの？ 税金を払うべき人が、払わなかったら？ 私たちは一体どれぐらいの税金を払わなくてはならないのかな？ この章では日本の税金を中心に説明し、ノルウェーと異なる部分については適宜補足していくことにしましょう。

税金とはなにか？

税金は、国民が行政に支払うお金のこと。今はみんな、お金で税金を納めているけれど、昔は食べ物や労働で納めることもありました。税金にはいろいろあるけれど、
(1) 納め方
(2) どこに納めるか
(3) なにに対して課税されるか
の3つに分けて考えるとわかりやすいのです。

最初に、(1) 納め方の違いから、**直接税**と**間接税**を覚えましょう。

直接税は、税を納める人と負担する人が同じ税金のこと。税金の分類をまとめた右表の「直接税」に書かれている所得税や住民税（道府県民税・市町村民税）、相続税などがそれに当たります。それに対して、間接税は、税を納める人と負担する人が異なる税金のこと。たとえば、消費税は、私たち消費者が買い物をしたときに負担するけれど、お店の人が私たちに代わって納めているから、間接税になります。消費税の他には、下表の「間接税」に書かれている酒税やたばこ税などもそうです。

直接税と間接税には、それぞれ国税と地方税があります。(2) どこに納めるかの違いです。国税は国に納める税金、地方税は都道府県や市区町村といった地方自治体に納める税金。それぞれどんな税金があるかは、下表で確認してね。

		直接税	間接税
国税		所得税、法人税、相続税、贈与税など	消費税、酒税、たばこ税、関税など
地方税	道府県税	道府県民税、事業税、自動車税など	地方消費税、道府県たばこ税、ゴルフ場利用税など
地方税	市町村税	市町村民税、固定資産税、軽自動車税など	市町村たばこ税、入湯税など

出典：税のしくみ　税の種類と分類：税の学習コーナー／国税庁
Web www.nta.go.jp/taxes/kids/hatten/page02.htm

この他、(3) なにに対して課税されるかで分けることもできます。私たちの稼ぎ（収入）に対する**所得課税**、私たちが持つ財産に対する**資産課税**、私たちが買ったものや利用したサービスにかかる消費課税。所得課税の例は、所得税がわかりやすいですね。資産課税は、固定資産税や自動車税など。消費課税は、消費税や酒税などが該当します。

税金をもっとよく知るために控除（こうじょ）という言葉を覚えておいて。控除とは、差し引くこと。収入や資産が一定よりも少ないと、税金を負担する力が弱いと考えられて、税金がいくらか差し引かれます。

たとえば、日本で学生がアルバイトをした場合、年収103万円までなら所得税がかかりません。税金計算のときに誰もが一律38万円差し引かれる**基礎控除**と、給与所得者が収入額に応じて差し引かれる**給与所得控除**（65万円から段階的に上昇）があるため※、38万円＋65万円＝103万円以下なら、所得税がかかりません。日本には、全部で14種類の所得控除があって、養う家族がいる人、盗難や災害にあった人の税負担を軽くするなど、いろんな配慮がされています。

税金の申告は1年単位で行います。会社員やアルバイトとして会社で働いている人は、納める税金があれば、会社が先に税金分を差し引いて給与を支払う仕組みになっています。さらに、年末が近くなると**年末調整**と言って、税金の過不足の調整作業を会社が行う仕組みになっています。

※2020年から基礎控除は48万円、給与所得控除は55万円（から段階的に上昇）に変更されます。

さらに知り知りたい人へ

ノルウェーの控除

ノルウェーでは、たとえば収入が5万ノルウェー・クローネ（およそ67万円）以下の学生には、所得税がかかりません。2015年の年収が5万ノルウェー・クローネより少ない人は、所得税を払わなくてもいいのです。ということは逆に控除額より多く稼いだ人は、収入の一部を税金として支払わなくてはならない、ということ。

子どもが学校に通っていたり、収入や資産の額が少なかったりする場合、直接税を支払う必要はない、と法律で定められています。同じように、満13歳以上の人はほとんどみんな、税務署に給与所得、資産額を申告しなくてはいけません。ここで言う資産とは、たとえば銀行の貯蓄口座にあるお金などのこと。この情報を、**納税申告書**に記入して、税務署に提出しなくてはいけません。

自分でお店や事業を営む人や、副収入があった人、盗難や災害にあった等の理由で税負担を軽くしてほしい人などは、自分で確定申告の作業が必要になります。1月1日〜12月31日の収入や経費などを確定申告書にまとめて、翌年2月16日〜3月15日の間に税務署に提出し、税金額を確定して税金を納めるのです。

納税は国民の義務。申告額のごまかしや、税金を期日までに納めないと罰せられるから注意が必要です。

間接税ってなに？

ここまでは直接税を中心に話してきたけれど、間接税についてもう少し話しておきましょう。代表的な間接税に**消費税**があります。消費税は、お店で買い物をしたときやサービスを受けたときにかかる税金で、子どもから高齢者まで、年齢や収入にかかわらず誰もが払うことになっています。みんなも物を買うときに払うから知っているよね。

日本の消費税率は2019年9月まで8％で、2019年10月から10％に上がることが決められています。これまで日本の消費税は、食べ物でも映画でも宝石でも、税率がすべて一律なのが特徴でしたが、2020年10月の増税以降は、食料品（外食やお酒を除く）と、週2回以上発行される定期購読新聞に限って税率8％のまま、それら以外は税率10％になります。

もう1つ大切な間接税に、**関税**があります。関税は、海外との取引にかかる税金のこと。個人輸入をしたときの関税については、第5章のインターネットショッピングのところで話しているからそちらを見てみて。

関税の他にも、間接税はたくさんあります。

6 あなたと税制　税金と脱税と政治

さらに知りたい人へ

ノルウェーの付加価値税

ノルウェーでは代表的な間接税として、**付加価値税**があります。これはノルウェーで売られている品物やサービスに対してかかる税金です。2018年時点の、商品やサービスに付加価値税はだいたいみんな25％。ただし、食べ物や飲み物は15％、映画のチケットや飛行機代、バス代、タクシー代は12％。

たとえば、400ノルウェー・クローネ（およそ5,300円）で、ワンピースを買うとしたら？ この額には、25％の付加価値税が含まれています。320クローネ（およそ4,200円）は、お店の取り分。残りの80クローネ（およそ1,060円）は、付加価値税として国に徴収されるのです。

それらは**特別税**と呼ばれるもので、特別なものや活動にかかる税金です。お酒やたばこ、ガソリンなどの価格にはあらかじめ税金が含まれています。その他、銭湯や温泉に入るときにも入湯税がかかるのです。

税金はなにに使われる?

日本の国家予算は約97兆円（平成29年度）。このうち、税金からの収入は約3分の2。税収の中でも大きな割合を占めるのが、給料などから支払う所得税（18兆円）、買い物などで支払う消費税（17兆円）、会社が支払う法人税（12兆円）です。

ただし、国家予算の約3分の1に当たる34兆円は新たな借金でカバーされています。毎年新たな借金を重ねていると思うと、将来が心配になるよね。

日本の国家予算の使い道を見てみると、97兆円のうち、約3分の1に当たる32兆円が社会保障費に充てられています。社会保障費は、医療、年金、介護、生活保護、少子化対策など、誰もが助け合って暮らすためのお金です。

次に多いのが約16兆円の地方交付金。国から地方自治体へ渡す仕送りのようなお金です。これらのお金は警察や消防、ゴミ収集など、地域の安心、安全な暮らしのために使われています。あとは公共事業6兆円、防衛5兆円、教育

さらに知りたい人へ

税金はなにに使われる?
―― ノルウェーの場合

ノルウェーの人、民間企業、組織は毎年、行政に1兆2,000億クローネ（日本円でおよそ15兆9,600億円）もの税金を払っています。この税金であなたは一体なにを得るんだろう? 税金はなにに使われる?

さらに詳しく調べてみると、税金が社会のあらゆる場面で使われていることがわかります。税金は私たちに一生ついて回るもの。あなたはもしかしたら税金を財源とする病院で生まれたかも? あなたの両親はあなたが生まれたばかりのとき、仕事を休んで家にいて、あなたのお世話をできるよう、出産祝い金と育児手当を行政からもらったのでは? あなたが通っていた保育所や、あなたが今通っている学校は、全額または一部を税金でカバーされています。子どもたちが使う設備、建物、そこで働く人のお給料も同じ。

税金は、道路や鉄道やフェリーの航路を設営するためにも使われるし、同じことが運動施設、図書館、劇場にも当てはまります。教会などの宗教界は、行政からお金をもらっています。警察、裁判所、消防署、刑務所、ノルウェー国軍は、税金でカバーされるその他の分野です。

4兆円と続きます。

　税の使い方でもう1つ忘れてはならないのが国債費。国債費は、借金の返済と利息に使うお金で、年間予算の4分の1に当たる24兆円を支払っています。年間24兆円もの借金を返済して、新たに34兆円を借り入れているのが日本の現状だから、借金がどんどんふくらんでいます。この借金を返すのは、今予算を決めている政治家ではなく、これからの未来を担うあなたたちなのです。

　だから政治に関心を持って、みんなが払った税金が正しく使われているか監視していかないといけないよね。

[Web] 財政関係パンフレット・教材：【財政学習教材】日本の「財政」を考えよう／財務省
www.mof.go.jp/budget/fiscal_condition/related_data/

税金の始まり

●ノルウェーの最初の税制──ライダング

　ノルウェー最古の有名な個人税を、ライダングと言います。これはホーコン1世が王だった950年頃に始まったと考えられています。ライダングは、船で海岸沿いの農民を訪ね、王やその家臣が必要とするとき、人手や食事を収めさせる税金徴収部隊および税制でした。

税制としてのライダングが固定税となり、毎年、王に食べ物が納められるようになった1200年頃は、税金徴収部隊としてのライダングが出動することはめったになくなりました。やがて税制としてのライダングは、町でも村でも所有する建物資産にかかる固定税に変わりました。そして1836年に、税金徴収部隊としてのライダングも廃止されたのです。

● **日本の税金の歴史**

日本では、701年の大宝律令のときに最初の税金の制度ができました。農民に収穫の一部を納めさせる「租(そ)」、男子を対象に都での労働または布を納めさせる「庸(よう)」、男子を対象に諸国の特産物を納めさせる「調(ちょう)」が導入されました。

平安時代になると、農民は荘園領主に年貢米を納めるようになり、江戸末期まで税は米で納められることが多かったそうです。明治時代になると、政府が地租改正を行って、それまでの年貢米に代わって、土地の価格の3％をお金で納めさせるようになりました。また、所得税や法人税が導入されたのもこの頃です。

1950年にはシャウプ勧告によって、国税・地方税を通した税制改革が行われて、今の日本の税制の基盤ができたのです。

なぜ税金を払うのか？

税金は、警察・消防、道路・水道の整備といった「みんなのために役立つ活動」や、年金・医療・福祉・教育など「社会での助け合いのための活動」に使われています。もしも税金がなかったら？　街の治安は悪くなって犯罪が増えるし、砂利道を歩いて遠くまで水をくみに行かないといけなくなります。病院や学校の費用も高くなって、貧しい人は病院に行けなくなるし、お金持ちの子どもしか学校で勉強ができなくなります。

税金は、みんなにとって安心で健康的な社会を創るために、協力して出し合う「会費」のようなものなのです。

私たちは税金を支払わなくてはいけません。払いたかろうが、なかろうが、関係なく。税金の支払いを強制する権利が、なぜ行政にあるのか、って？　国民の納税の義務は次の3つの点から理由づけされています。

● **税制は国や県、市といった行政が自らの課題を解決するために使われる**

課題というのがどんなものかは、このすぐあとで詳しく見ていきます。

● **税制は貧富の差を減らすために用いられる**

これを格差是正と言います。主なルールは、多くを持つ人があまり持たない人より、たくさん支払わなくてはならない、ってこと。これがたとえば所得税と資産税に控除額が存在することなどの理由になっています。

● **税制は私たちのお金の使い方に影響を及ぼすためにも使われる**

税制は私たちの**経済行動**を制限するルールだと考えられています。国はたとえば環境や健康に害となる商品に特別支出を課すことができます。ノルウェーで言うと、その一例が砂糖税——ノルウェーに輸入される、またはノルウェーで作られる砂糖すべてにかかる税金です。砂糖税によって、砂糖が使われる商品はすべて高くなってしまいます。政府はこのようにして、国民の砂糖の摂取量を減らそうとしています。

6 あなたと税制 税金と脱税と政治

ノルウェーは福祉国家と呼ばれています。福祉国家とは、税金がたくさんかかる代わりに、病気や失業などで困ったときに助けてもらえるセーフティネット（救済策）がきちんと整備されている国のことです。このセーフティネットによって、すべての人が教育を受ける権利が保障されているし、必要なときに経済的支援を得られます。病気になった人は、病院で無料もしくは安い値段で治療を受けられます。あなたの両親が病気になって働けなくなったら、傷病手当金をもらえるだろうし、仕事につくのが難しいと認められれば税金を免除されるのです。仕事を失い、無職になったら、新しい仕事を見つけるために失業手当をもらえます。高齢で働けなくなると、老齢年金をもらえます。シングルマザー、またはシングルファザーの家や、障がいのある人が家族にいる場合は、必要な支援を受けられるのです。このセーフティネットは、主に直接税と間接税でカバーされます。

　税金の使い道についてさらに知りたい場合は、財務省のサイトを見てみて。

Web 予算・決算（国のお金の使い道）／財務省
www.mof.go.jp/budget/

日本では？

　福祉国家のノルウェーは、たとえるなら大きな政府。たくさん税金を集めますが、社会福祉がしっかりしていて、失業や病気、高齢になっても人々の生活は手厚く保障されます。一方、アメリカは、小さな政府。税率が低く、個人の自由が尊重されていますが、社会保障制度が十分でないため、病気やけが、失業などが貧困につながりやすいのです。

　日本の政府は、両者の中間サイズ。社会保障制度によって幅広いリスクが最低限保障されていますが、不足分を自分で備える必要があります。その代わり、納める税金や社会保険料も北欧ほど高くはありません。

　日本では、社会保険が果たす役割はノルウェー以上に大きいものとなっています。これは、雇用されている個人が、雇用保険、医療保険、年金保険、介護保険（40歳以上）といった形で社会保険に加入することにより、さまざまな雇用者へのリスクに対して国が対応するという制度が形作られているからです。ただし非正規雇用者については、生計維持のために働いているにもかかわらず除外されていることが少なくありません。制度の拡充が必要です。

脱税ってなに？

　払うべき税金を払わないこと、もしくはごまかすことを、**脱税**と言います。どうして脱税する人がいるのかな？　脱税すると、所得税を支払わず、稼いだお金をすべて懐に収められるからです。また、脱税することで、安い値段でサービスやものを手に入れられます。

　税務署に所得額を申告せず、税金を支払わない人は、病気になっても、傷病手当金をもらう権利はありません。仕事を失っても、失業手当がもらえないのです。子どもが生まれようと、出産手当金も産休ももらえないし、年をとってからもらえる年金の額も低くなります。休暇手当ももらえないし、仕事中に事故にあっても、労災という補償を受けられません。きちんとした労働条件を保障してくれる労働契約を交わすこともできないし、退職したときにもらえるはずの退職金ももらえません。どんな職業体験をしてきたか証明できない（第1章を見て）から、新たに仕事を見つけるのも難しくなるかもしれません。そしてなにより脱税をすると、法律違反で罰されるのです。

　あなたの家族が家を建てる、またはテレビを見たりゲームをしたりする部屋を増築するとしたら？　喜びもつかの間、あなたの両親が選んだ大工さんが、脱税を持ちかけてきたら厄介なことに。その大工さんがいい加減な仕事をしても、両親には文句を言ったり、代金を返してもらったりする権利はありません。おまけに大工さんが警察に捕まったら、両親も一緒に罰せられる可能性もあります。

　脱税は、社会にどんな影響を及ぼすのかな？国や県は、税収が減り、また学校や病院やその他の公的事業に使うお金が減ってしまいます。脱税している大工さんは、その分、工賃を安く持ちかけてくることもあるでしょう。その結果、脱税していない人たちが仕事をもらいにくくなり、脱税がはびこり、公的機関が課題解決に使う予算が減ってしまうのです。

6　あなたと税制　税金と脱税と政治

どれぐらい税金を支払わなくてはならない?

　地域社会の住民がどれぐらい税金を払うべきか、決まった答えはありません。これはいわゆる政治的信条の問題によります。つまりなにが正しいかは、人によって意見はさまざまってこと。政党の中には、私たち国民がすごくたくさん税金を払うべきだと言う人たちもいます。高い税金のおかげで福祉国家を維持し、福祉を必要とする人たちみんなを守れるのだと。一方、別の政党は、税金が高くなりすぎると、国民は働く気がうせるし、脱税をしようとする人、脱税をしている人と取引する人が増えると言います。これらの政党は、税率を下げるべきだ、今行政がしている課題の多くを民間企業や民間の団体に引き渡すべきなのだと。

　税制がどうあるべきか、私たちがどれぐらい税金を払い、税金をどう使うかを最終的に決めるのは国会です。だから政治に興味を持ち、参政権を得たら、一番賛成できる政党に票を入れるのが、税金政策に影響を及ぼす一番良い方法なのです。

日本では？

　日本はノルウェーと比べて、税制だけでなく、社会保険への加入が、個人のリスクに対応する給付として大きい役割を果たしています。たとえばパートだからといって社会保険に加入していなければ、重要な社会的保護が受けられせん。このような制度は、税金に基づくノルウェーとは大きく違います。たとえば日本では社会保険に加入していなければ、出産後の休業である育児休業給付を受けられません。また、親に対する介護保険の利用や健康保険からの休業補償なども、社会保険に加入していなければ受けられない仕組みとなっています。

話し合ってみよう！

税金についてどう思う？

　税金を支払うのには、いろんな理由がある、ということがわかったかな？　だけど税金は高すぎる、国が経済を牛耳りすぎている、と考える人が大勢います。ちょっとぐらいの脱税なら、したってまったくかまわない、って人も。

　友達や家族に、税金についてどう思うか、聞いてみて。もっと税金を払うべき？　今ぐらいがちょうどいい？　あなたは税金がなにに使われているか、知ってる？　今ある公共サービスは、すべて必要かな？　みんな税金を払わなくなったら、どうなる？　脱税について、どう思う？　お父さんとお母さんに、脱税したことはあるか、脱税した品物やサービスを買ったことがあるか、聞ける？　あなた自身は、どう思う？

第7章

消費者としてのあなた
消費、リサイクル、経済成長について

「あなたは新しいものを買うとき、世界を形作るのに参加している」って言われたらどう思う？　ちょっと考えてみて。そのとおりだと思う？　第1部では、適切なお金の使い方ができるよう、お金をどう管理したらいいか見てきました。この章では、<u>お金を使うとき、私たちはどんな選択をし、周りの世界とどうつながっているのか</u>、詳しく見ていきましょう。どうしたら世の中のためになる選択ができるのかな？

　第1部で、新しいワンピースをほしがるリーネが、どうしたらお金を手に入れられるかいろいろと見てきたよね。リーネはこのとき、ワンピースがどんなプロセスを経て、そのお店に運ばれてきたのか、思いをめぐらせたと思う？　誰がワンピースを作ったのか？　ワンピースが作られた国は、どんな情勢だったのかな？　私たちは貨幣経済の中で、物がどんなプロセスを経て、私たちのところまで供給されるのか考えることはめったにないよね？　食べ物も服も、その他さまざまなものも、自分で作る代わりに買うでしょう？　私たちは品物を消費する消費者なのです。消費は社会にとって、一体なにを意味するのかな？　あなたはどんな消費者でありたい？

消費＝成長それともストレス？

　消費とは、なにかを使い果たすこと。第4章にあったように、消費はあなたが使ったお金のことで、消費者は品物やサービスを買う個人のことです。消費者としてのあなたは地球全体で見るとちっぽけであっても、そこに広がる大きな経済システムの重要な一部なのです。これからあなたと他の消費者が、私たちの生きる社会にどう影響を及ぼすのか、少し詳しく見ていきましょう。

　私たちが品物やサービスを買うと、経済が成長します。こうして私たちは社会に影響を及ぼせるわけ。つまり社会をより豊かにできます。リーネがほしがっていたワンピースのことを思い出してみて。もしリーネがそのワンピースを買ったとすれば、たくさんの人の利益になります。ワンピースを売るお店は利益を得られるし、同じくワンピースをお店に運んだ人たち、ワンピースを作った人たち、ワンピースを作る材料を提供した人たちも利益を得られます。行政だって、税金や関税によって利益を得られます。このようにしてリーネが買い物することで、

人々にも政府にもお金が入るし、そのお金はさらに別のものを買ったり、新たな品物やサービスを運んだりするのに使われます。このことから、消費は経済を成長させ、人々を豊かにする重要な原動力になるとわかるよね？

日本では？

私たちの個々の買い物は、消費者の意思表明であり、私たちの消費行動が世の中を創る、という消費者教育の根幹部分ですが、日本ではまだあまり意識されていません。

「少しでも安いものを買いたい」と思うのが私たち消費者です。でも、その陰で、世界の誰かが苦しんでいたり、地球環境が大きなダメージを受けていたりするとしたら、どう思いますか？　私たちが日々買い物をすることは、「この商品はすばらしい」「この企業を応援したい」と人気投票しているようなものです。ですから、買い物をするときには、商品の値段やデザインだけでなく、使われている原材料や企業の活動にも関心を持つようにしたいものです。そうして選ばれたいい企業が、末永く成長できるように応援していきましょう。

消費は成長だけでなく、ストレスも生むと考える人が増えてきています。物を次から次へと買わなくては、と思うことでストレスになるだ

けでなく、物が増えると置き場所に困るし、地球の資源をひっ迫するし、環境破壊で住みかを奪われて絶滅の危機にさらされる動物や植物もかわいそうだ、って。できるだけ安い品物を手に入れるため、自然と人間がしばしば利用されます。リーネが買ったワンピースは、莫大（ばくだい）な量の水と有害な化学物質を使って育てられたプランテーションでとれた綿花で作られているかも。そしてその綿花は、劣悪な環境で生き、働く縫製工場の労働者により織られ、縫われたのかもしれませんね。私たちが買うものの多くは、そんなふうに作られているのです。あなたの携帯電話には、アフリカの洞窟で児童労働に従事する子どもによって採掘された鉱物が含まれています。あなたが食べているお惣菜には、かつて熱帯雨林だった場所に築かれたプランテーションでとれた椰子油（やしゆ）が使われているかも。このように考えると、消費は社会に悪い影響を及ぼしているように思えてくるでしょう。ある人を豊かにする成長はまた同時に、とても多くの人に悪い影響を与えることもあるのです。

消費者の権利──あなたの選択はなにを意味する？

　消費は見方によって、良くも悪くも捉えられます。あなたがなにを選ぶかは、どれぐらい大きな意味を持つのかな？　よく考えて物を買おうとする人があなたの他にいなかったら、あなたの選択は大した意味を持たないのかな？　たしかにそうかもしれません。でもどんな品物を買うか、それらがどこからやって来るのか、どうやって作られているのか、たくさんの人が意識するようになれば、大きな意味を持つようになります。

　消費者運動とは、消費者が物事に反対し、変えようとする運動のこと。消費者運動にはさまざまなものがあります。たとえば数年前、ノルウェーで一番売れている冷凍ピザからパプリカを抜いた写真をソーシャルメディアに投稿する運動が起こりました。このような運動はあなたの消費者としての権利を、どの種類の品物がほしいか、メッセージを発信する賢い方法になりえます。

　また、だまされそうになったときや、あなたが買った品物に不具合があったとき、断るのも1つの消費者運動です。あなたは消費者としての権利を持ち、その権利が侵されたとき、助けを得られます。このあとの**知ってる？**（71ページ）で、さらに詳しい情報を紹介します。

7　消費者としてのあなた　消費、リサイクル、経済成長について

消費者運動は、あなたの個人的な意見やあなたの権利を守るためだけに行われるわけではありません。品物を作っている人たちの権利や環境を守るためにも行われます。この種の消費者運動の例に、大きなアパレルチェーンが売る服の生産元を明らかにするよう求める運動や、アパレルチェーンに縫製業での労働環境を改善するようにと約束させる運動があります。

　かけがえのない熱帯雨林が破壊されるのを止めるため、椰子油、アジアで養殖されたザリガニやエビの輸入、販売をやめようという運動も、2014年に起きました。

　これらの消費者運動はどれも、環境団体によって始められました。たとえば特定のアパレルチェーンで買い物をするのをやめるよう消費者一人一人を説得する代わりに、複数の環境団体が連帯して、署名運動を起こしたり、ソーシャルメディアで情報を流したりすることで、反対します。

　すべての消費者運動が成功するわけではありません。効果はほとんど、いいえ、まったくないときだってあります。原因は、一緒に反対する人が十分集まらなかったり、運動が長続きしなかったり、相手に聞き流されたり、政府に知らん顔されたりすることもあります。それでもキャンペーンは私たちに、品物がどこから来たのか、自分たちがなにを買うのか選択できるって意識させられるから、大切なのです。

右の記事には、バングラデシュの縫製工場で起きた火事により、工員が亡くなった事故を受け、北欧で発展途上国の縫製工場の劣悪な労働環境について社会的問題になったことが書かれています。国際労働機関（ILO）や労働組合や、活動団体の運動によって、H&MやZARAの親会社が工場の安全点検や対策を行うという誓約書に署名するに至りました。
アパレルチェーンに服の生産元を明らかにするよう求める運動は、消費者運動の1つの例です。服がどこで誰によって作られているか知ることができれば、縫製産業の労働者がちゃんとした賃金、労働環境で働いているのか、簡単に確認できるでしょう。児童労働について詳しく知りたい人は巻末の 参考文献 を見て。

消費者としてのあなたの権利

消費者としてのあなたの権利を守る法律や規則はたくさんあるけど、それらによってなにかを買うとき、責任が生じます。たとえば、あなたにはインターネットで買ったものをキャンセルする権利はあるけれど、お店独自の返品規定に従わなくてはいけません。

消費者庁のサイトに、あなたの権利と責任について、まとめられています。

Web 当サイトについて：消費者の権利／消費者教育ポータルサイト
www.kportal.caa.go.jp/about/#kenri

真実と違うことを言っている広告や勧誘から、消費者であるあなたを守る法律もあります。このような消費者の権利を守る消費者オンブズマンという役目があります。

いる人がいたら、消費者オンブズマンに苦情を伝えることができます。でも消費者オンブズマンは、たとえば買った商品のキャンセルの手伝いなどはしません。そういうときは、ノルウェーでは、消費者オンブズマンではなく、消費者協会に連絡することになっています。

消費者協会ってなに？

消費者協会は、消費者を助け、政府や産業界が消費者に配慮するよう働きかける独立した非営利団体です。ノルウェーでは、買い物をして困ったことが起きた人は、この協会に助けを求められます。協会はアドバイスをし、当事者の間に立って仲裁をします。

消費者オンブズマンってなに？

消費者オンブズマンとは、広告やマーケティングを監視したりする公的機関のことです。消費者の権利（消費の快適さや安全）を守る取り組みもしています。違法なマーケティングや電話勧誘などをして

日本では？

買い物や支払い、商品に関して「だまされた」「困った」ということがあったら、消費生活相談窓口に相談してみましょう。全国の自治体に用意された窓口で、無料で相談できます。また、無料で電話相談できる（通話料はかかりますが）消費者ホットライン——局番無しで「188」——もあります。国民生活センターのウェブサイトには、各窓口の所在地の他、最近多い相談事例などもたくさん掲載されているので参考になります。

Web 全国の消費生活センター等／独立行政法人国民生活センター
www.kokusen.go.jp/map/

自分たちが食べ物をどれぐらい捨てているか、知ってる？

世界では毎年およそ40億トンの食べ物が生産されています。これらの食べ物の3分の1以上が捨てられてしまいます。毎年13億トンもの食べ物が、ゴミ箱行きになるってわけ。2013年、ノルウェーの消費者1人につき、50キロ近い食べ物がまだ食べられるにもかかわらず、捨てられました。ノルウェー全体では23万トンも。これに加え、スーパーやレストランなどでは、13万トンも捨てています。つまり180億クローネ、36億トンものまだ食べられる食べ物が捨てられているということ。そのことについて、少し考えてみて。

そんなにたくさん食べ物を捨てるのは、無駄だと思わない？　あなたもあなたの家族も、お金をドブに捨ててしまっているのです。毎年、ノルウェーの消費者が捨てている食べ物は、1人2,000クローネ（およそ26,600円）に相当します。あなたの家は何人家族？　家族全員でどれぐらいお金を失っているのか計算できるよね？

日本では？

消費者庁の記事「食品ロスについて知る・学ぶ」によると、日本の食品廃棄量は年間およそ2,842万トン、このうち、まだ食べられるのに廃棄されている食品、

消費者運動の別の例として、椰子油(やしゆ)の反対運動があります。写真は、消費者が一丸となって、Rema1000というスーパーに、食品に椰子油を使うのを止めるよう働きかけた、と書かれた新聞記事。新しい椰子油のプランテーションを植えるため、アジアの熱帯林が伐採されるのをやめさせることが、この運動の目的でした。この記事では、Rema1000が運動を受けて、自社のオリジナル製品についてはすべて椰子油の使用を止めると約束したこと、他社から仕入れている商品についても椰子油が使われているものは陳列を拒否したこと、ノルウェーの他のスーパーも同じように椰子油を使った食品を排除する動きが始めていることが書かれています。

ノルウェーでは毎年住民1人につきおよそ13kgのパンやクッキー、11kgの果物や野菜、4kgの肉や魚、3kgの乳製品、17kgの残飯を捨てています。
（写真：Matvett.no）

いわゆる食品ロスはおよそ646万トン──1人1日当たり、お茶わん約1杯分（約139g）の食べ物が毎日捨てられている計算──だそうです。年間だと1人およそ50kg（139g×365日＝50,735g）、おにぎり1個100g・130円とすると、およそ500個分となり、1人当たり年間6万5,000円（500個×130円＝65,000円）の食べ物を捨てている、という計算になります。

Web 食品ロスについて知る・学ぶ／消費者庁
www.caa.go.jp/policies/policy/consumer_policy/information/food_loss/education/

　まだ食べられる食べ物を捨てるのは、資源の無駄遣いでもあります。農業に使えるはずの土地も水も、エネルギーも労働力も無駄にしてしまうから。毎年、食べられることのない作物を育てるのに、5500億立方メートルもの水が使われています。真水が足りないと言われているこの世界で、これは途方もない量。同時に国際連合が飢餓を撲滅するために設けた支援組織、世界食料プログラムの調査により、世界で8兆人以上の人たちが飢え、栄養失調に苦しんでいることがわかりました。その8兆人に、豊かな国が捨てている食べ物が配分されるようになれば、みんなに食べ物が十分行き渡るようになるはず。

　食べ物が捨てられるのには、理由がたくさんあります。野菜は少し見た目が悪いというだけで、お店に入荷する前に捨てられてしまいます。食べる前にたくさんお皿に盛りすぎてしまうことで、残して捨てる人も多いですね。それに一

　一般の消費者が食べ物を捨てる一番の理由は、賞味期限が過ぎたこと。

　食べ物にはよく食品表示が付いているけど、それらは私たちが食べ物を安心して食べられるようにつけようと、政府が決めたものです。「賞味期限」と「消費期限」の2つの表示は、まったく別物。「賞味期限」を過ぎたあとも食べられるということを知らない人が多いのです。このことについて、次のページの知ってる？で紹介します。卵、チーズ、ハム、ベーコン、ヨーグルトは賞味期限を過ぎても、しばらくもつ食べ物の例。それでも悪くなってしまうこともあるから、捨てる選択をする人も多いのです。「賞味期限」が書かれた商品の味と匂いを確かめてみて。おいしくて、いい匂いがするなら、食べられるはず。

知ってる?

「賞味期限」、それとも「消費期限」?

「賞味期限」と「消費期限」は、食品表示についての規定で区別されています。「消費期限」は、その日を過ぎた食品を食べてしまうと、体に害になりうる、ということを意味します。消費期限を過ぎたあと、そういう食べ物は捨てるべきです。「賞味期限」についてはその日を過ぎても販売したり食べたりしてもかまいません。賞味期限は過ぎたからといってすぐに体の害にはならないから。でもしばらくするとイヤな味がしたり、あまり味がしなくなったりします。農林水産省のサイトで、さらに情報を得られるので見てみて。

Web 消費期限と賞味期限：子どもの食育／農林水産省
www.maff.go.jp/j/syokuiku/kodomo_navi/featured/abc2.html

卵を使って実験しよう！

水を張ったボールに
生の卵を1個、
そっと入れてみて。

卵が立ちだしたら、
そのまま様子を見守って！

やがて卵が沈めば、
食べても大丈夫、ってこと。

浮かんだなら、
悪くなってしまっている証拠。
捨てちゃって！

消費社会ってなに?

　私たちは今、**消費社会**と呼ばれる世界で生きています。消費は経済を動かす重要な原動力となりえます。使っては捨て、使っては捨てが、いつの間にか当たり前になってしまいました。昔の人はなんでもかんでも買って済ませずに、自分で作ったり、修理したりして長く使い続けたものです。でも今では、食べ物や服など、ほとんどなにも考えずにすぐに捨ててしまう人が多いのです。

　これにはいくつか理由があります。まず、世の中の人の大半は、豊かになったということ。稼いでいる額と比べると、食べ物やその他の品物はずいぶんと安くなりました。さらに、私たちが今買う商品は、昔に比べてあまり頑丈ではないということ。修理するのを想定して作られていないものが多いから、新しく買ってしまったほうが安いのです。また、たとえ壊れていなくても、私たちはつい新しいものに買い換えたくなるということ。毎年デザインが変わる商品が多いし、服の流行りも移り変わるし、新しい携帯電話も、おもちゃもゲームも、モデルチェンジします。つねに新しいものがほしいという人も多いのです。このように消費社会は私たちに消費の願望も機会も与えてくれます。

　また、消費は私たちを豊かにもします。貧しい国は多くの品物を輸出しているので、(先進国の私たちが)消費することで、多くの貧しい国に経済成長がもたらされます。同じく消費は、環境や商品を作っている人たちに重圧を与えます。この重圧をやわらげるには、どうすればいいでしょう?　より意識の高い消費者になるよう心がけることも、1つの選択肢です。

意識の高い消費者──「消費して捨てる」からリサイクルや倫理的な取引へ

　意識の高い消費者は今、自分がなにをしたいか、なにを望むのか、目先のことばかりにとらわれず、消費が私たちの周りの世界とどうつながっているのかにも気を配ります。「ほしいな」と思ったからといって、毎回買う必要はある?あなたが捨てようとしているものは、本当に捨てなくちゃいけない?　代わりになにができる?　こういう疑問を抱いた人の多くは、買う量と捨てる量を減らすとよい、という答えに行きつくはず。こうしたときに人はクリエイティブになれるのです。

　ノルウェーでも最近、古い服のリメイクやリサイクルの人気に再び火がつきました(日本も同じ!)。使い古したワンピースをどうしたらカッコいい新しいトップスに変えられるかな?使わなくなったズボンを、すてきなショートパンツにどうやって作り替えられる?　残りものレシピの本やブログがたくさんあるはずです。金曜に残ったスパゲティで、土曜のお昼にどうしたらおいしいラザニアが作れるかな?　手はじめにインターネットで調べてみて。いっぱいヒントが得られるはずです。

「意識の高い消費者」とは、少なく買って少なく捨てる人たちのこと。また、なにかを買うとき、考えて取捨選択する人のことでもあります。ノルウェーでは倫理的な面や環境への配慮が十分で、管理が行き届いていることを示すマークが付けられている商品もあります。このうち「倫理マーク」というのは、製品を作っている人たちが従業員の労働環境や賃金にきちんと配慮しているってことを意味します。「環境マーク」がついている品物は、環境を破壊しない方法で作られたってこと。ノルウェーで一番よく見る環境マークは、白鳥のマークです（白鳥の環境マークについては、このあとの**知ってる？** を見てみて）。

　あなたと家族は、たとえば椰子油を使った食品や、熱帯雨林で栽培された木が使われた家具といった、環境破壊につながる製品を使わないという選択ができます。さらに、自然や人への負担を減らす消費活動にも参加できます。たとえば2015年の1月、縫製業で働く人たちの賃金改善のため、衣料品にもっとお金を払いたい、と衣料チェーンに主張する「私の10クローネをあげたい」（www.gitieren.framtiden.no）というキャンペーンに、22,500人以上が署名しました。衣料チェーンはちゃんと耳を貸すのかな？　ともあれ、意識の高い消費者としてあなたは自分の周りの経済がどう回っているのかを、はっきり見てとれるでしょう。あなたが異様に安くものを手に入れられたということは、その陰で安いお金で買い叩かれている人がいる、ということなのです。

知ってる？

白鳥の環境マーク

　白鳥のマーク（www.svanemerket.no）はノルウェーの公式環境マーク。白鳥マークの付いた製品は、それが作られている原料から製造法、使用され、捨てられるとき、どう環境に影響するかなど、あらゆる面で配慮されています。おもちゃや服、電気製品、食料品、レストランなど、白鳥のマークが付けられた商品はたくさんあります。

さらに知りたい人へ

国の豊かさを比べる指標

　消費は経済成長を促す重要な原動力だけど、ある国の成長を示すのは経済成長だけかな？　その国の人たちがどれだけ幸福かも重要？　でも幸福ってどうやって測れるのかな？

　国の豊かさを表すために使われる最も一般的な指標は、国内総生産（GDP：Gross Domestic Product）って呼ばれるもの。GDPはある国で生み出される経済的価値、つまり、その国で生産される商品やサービスの価値から、その製造過程で使った原材料の値段を引いたもののことを言うのです。お医者さんも工場で働く車の整備士も、GDPに貢献しています。

　複数の国の豊かさを比べるとき、国民1人当たりのGDPが用いられることが多いです。国連のGlobalisというサイトで世界の国の人口1人当たりのGDP比較を見ることができます。

　GDPはその国の物質的な価値、つまり物としての価値を表すものです。でもこれがその国の繁栄度を測るのに適切な指標か疑う人もいます。南アジアのヒマラヤ山脈に位置するブータンという小さな王国は、国民総幸福量（GNH）という別の指標を作りました。この指標は、物質的な価値の創造だけにとらわれず、家族の連帯感や文化、ワークライフバランスや睡眠時間や心を落ち着かせられる時間があるか、なども測ろうとするものです。GDPでは、ブータンは最貧国の1つ。ところが、GNHでは上位に入ります。物質的な面では世界でトップレベルの豊かな国の多くは、GNHでは真逆の結果になります。国民総幸福量（GNH）は、私たちの創造する価値を測る指標として、GDPよりも優れているのかな？

Web Globalis
●ノルウェー語
www.fn.no/Statistikk/BNP-per-innbygger

●英語
data.worldbank.org/indicator/NY.GDP.PCAP.CD
●日本語
www.globalnote.jp/post-1409.html

> 話し合ってみよう！

どうしたら意識の高い消費者になれる？

　どうしたら意識の高い消費者になれるか、家族で話し合ってみて。生ゴミの量は、どうやって減らせる？　たとえば、ノルウェーには、残りものレシピなど、どうしたら生ゴミの量を減らせるかアイデアを紹介したwww.matvett.noというサイトがあります。あなたの両親はソファなどの家具を買い換えようと考えている？　それならwww.finn.noなど、インターネットの中古売買のポータルサイトを見てみるよう頼んでみて。ひょっとしたらいい中古品が見つかるかもしれないし、いらなくなった家具を捨てずに売ったり、譲ったりできるかもしれないでしょ？　リサイクルできるようゴミを分別する方法、あなたの両親は知ってる？　ノルウェーにはそれぞれの資源の分別法や、なににリサイクルされるかについて書かれた情報サイト、www.sortere.noがあります。

　友達と消費について話し合ってみて。あなたがほしいものは本当にすべて必要？　一定期間、生きるのに最低限必要なものだけ買って、他はなにも買わないよう実験する人もいます。結果はどうなるのかな？　他に物々交換のイベントを開いてみるのもいいんじゃない？　参加者全員が、使わない服や道具を持っていき、譲ったり、交換したりするとか。新しく物を買わず、タンスの中身を一新する方法の1つです。リメイクはどう？　Jenny Skavlanや篠原ともえみたいな有名人のように、古い服を縫い直す？　新しいものを買うことで、環境や人をできるだけ破壊しないようにするため、一休なにができるかな？

[Web] Jenny Skavlan／Instagram
www.instagram.com/jennyskavlan/

[Web] 篠原ともえ／official web
www.tomoeshinohara.net

日本では？

　環境省のサイトでリサイクルやゴミ分別についてわかりやすく解説した資料が公開されています。

[Web] 3R　容器包装リサイクル法：小冊子「まなびあいブック」／環境省
www.env.go.jp/recycle/yoki/b_2_book/

　ゴミを減らすには、3つのRを意識しましょう。

1. Reuse（リユース）：ものを繰り返し使うこと。おもちゃや家電を修理して使うこともここに入ります。
2. Reduce（リデュース）：使う量を減らすこと。買い物にエコバッグを持っていって新たな袋をもらわない、詰め替えの商品を選ぶこともここに入ります。
3. Recycle（リサイクル）：ペットボトルや空き缶、新聞などは種類ごとに分別すると資源として再利用できます。

7　消費者としてのあなた　消費、リサイクル、経済成長について

第8章

あなたと銀行制度
銀行と金融市場

銀行の顧客になることには、メリットがたくさんあります。前に書いたように、お金は自分のお財布や貯金箱に入れておくよりも、銀行に預けたほうが安全です。口座を開けば、自分のカードをもらえるし、口座にお金を預ければ、利子がつき、お金が増えるから。銀行にお金を預けることで、他の人も利益を得られる、つまりあなたは社会の役に立てるなんて、きっと考えたこともなかったんじゃない？

第7章で消費者であるあなたがほしいものを買うことで、経済が成長するってことがわかったよね？ お金を使う代わりに、銀行に預ける選択をしたら、なにが起きる？ あなたの銀行口座は、社会経済や世の中とどう結びついているのかな？ この章で追い求めるのは、この問いに対する答えなのです。

銀行はなにをする？

昔、銀行がなかった頃は、泥棒に見つからないよう、ベッドのマットレスの下などにお金を隠したそうです。そして持ち主が使うときまで、そのまま置いておきました。その間、お金はなにも生み出さないよね――盗まれるんじゃないかって不安の他には、なにも。

今日では大半の人が銀行にお金を預けます。このとき、すばらしいことが起きます。銀行口座にあなたが預けたお金は、あなたのものであると同時に、他の人が使えるようにもなっているのです。

これが銀行という制度の背景にある、基本理念。銀行はあなたとお金が必要な人とをつなぐ橋渡し役です。銀行はお金があまっているあなたや他の人たちから、お金を預かります（これが預金）。借りたお金は、他の人が住まいを買ったり、工場を建てたりするのに使われます。このようにしてあなたのお金は、あなた自身が使わなくとも、社会の価値の創造に一役買うのです。

> 知ってる？

銀行の歴史1、2、3

1. 銀行と似た事業を最初に営んだのは、16世紀のイタリアの両替商でした。両替商とは、お金があまっている人から預かったお金を、お金を必要としていて、あとでそのお金を返すことのできる人に貸す、仲介役のこと。イタリア人はこの仕組みを整え、広めていきました。こうしてお金を持っている人と個人的に知り合いでなくても、簡単に借りられるようになったのです。銀行って言葉は、両替商がお客さんと話をするときに、使ったテーブルや長椅子を指すイタリア語、"banco"から来ています。

2. ノルウェー初の銀行は、1816年に国会によって設立されたノルウェー銀行。ノルウェーに独自の基本法が定められたわずか2年後のことでした。国会議員たちがノルウェーを独立した新しい国家として再建するため、独自の銀行が必要だ、と考えたのです。ノルウェー銀行は紙幣の発行などに責任を持つこの国の中央銀行でもありました。1822年に最初の貯蓄銀行である、クリスチャニア貯蓄銀行が生まれました。貯蓄銀行の役割は、人々にたくさん貯金してもらい、その貯金を個人と地元企業の両方に貸すこと。1848年、最初のマーチャントバンク（貿易手形の引き受けや、海外証券の発行などを行う金融機関）であるクリスチャニア信用金庫が生まれました。マーチャントバンクはたいてい、貯蓄銀行より規模が大きくて、企業や農家に優先的にお金を貸します。

日本では？

最初の銀行は、明治6年に設立された第一国立銀行（旧・第一勧業銀行。現在のみずほ銀行）です。日本の「銀行」という言葉は、明治5年に英語の「BANK」を翻訳してできました。日本のお金は元々、金や銀から作られていたことと、中国語で店を意味する「行」を組み合わせ、「金行」「銀行」が候補に挙がりましたが、語呂の良さから「銀行」に決まったと言われています。

3. ノルウェーで続く100年の間に、さらに多くの銀行が生まれました。町にも村にも銀行が必要だったから。1950年頃には、600以上の貯蓄銀行と、およそ90のマーチャントバンクが存在したようです。その頃から銀行の数自体は減り、1つ1つが大きくなっていきました。貯蓄銀行とマーチャントバンクはまた次第に性質が近くなり、今日ではだいたい同じ業務をしています。ノルウェーには2014年の時点で、登記上、106の貯蓄銀行と19のマーチャントバンクがあるとされています。

貯金を引き出したいときに引き出せるのはなぜ?

銀行制度のすごいところは、銀行があなたの貯金を他の人に貸してしまっても、あなたが引き出したくなったら、ちゃんと引き出せるところ。そんなことが、どうしてできるかって? それはあなたのお金は、銀行が持つお金全体のごく一部でしかないから。

銀行はあなたに3つの方法でお金を提供します。まず1つ目は、お金を預かるという方法。あなたや他のたくさんの人たちが預けるお金を銀行は受け取るよね? 2つ目は、銀行自体が他の金融機関と中央銀行の両方からお金を借りるという方法。3つ目は、銀行が自己資産と呼ばれるものを持つという方法。自己資産とは、銀行が所有する資産のこと。

あなたが銀行に預けたお金を、あなたに利子を払って銀行は借りていることになります。銀行はあなたがお金を引き出したいとき、引き出せるだけの十分なお金を、常に持っておかなくてはならないと法律で定められています。

さらに知りたい人へ

銀行がお金を稼ぐしくみ

銀行はどうやって利益を生み出している? あなたの貯蓄口座の利子と、あなたの両親の住宅ローンの利子は、どうつながっている?

Web あなたと銀行の関わり:中学・高校生向け教材「金融のしくみ」／一般社団法人全国銀行協会
www.zenginkyo.or.jp/education/material/bank-jr-highschool/

銀行がお金を稼ぐ、一番、基本的な道は、お金を貸して利子をもらうこと。銀行はお金を口座に預けた人に、預金の利息を払う。利息とは、銀行がこれらのお金を借りるため、払う借り賃のこと。それと反対に利子は、銀行でお金を借りるとき、利用者が払わなくてはならない借り賃なのです。

銀行は、銀行ローンの利用者が銀行に支払う利子を、銀行が預金者に払う預金の利息より、高く設定して利益を得ます。つまり、銀行の利益と、あなたの預金利息と、おうちの人が払う住宅ローンの利子には直接的なつながりがあるのです。

あなたとあなたの両親が、同じ銀行を使っているとしましょう。銀行が預金しているあなたに、たとえば年2％利息を払うとします。すると、あなたの両親が支払う住宅ローンの利子は2％より高いはずです。

預金の利息より貸出利子を高くすることで、銀行はあなたの両親や他のローン利用者が支払う利子が、銀行があなたや他の預金者に支払う利息よりも、高くなるようにします。こうして銀行はお金を稼ぎます。預金の利息とローンの利子の差は、差益と言います。

8 あなたと銀行制度　銀行と金融市場

誰も銀行を信用しなくなったら、どうなる?

　第3章で、お金は「きちんと使えるに違いないと私たちが信用することでのみ、価値が生まれる」ことがわかったかな？　銀行はお金にまつわる制度の重要な一部。だから金融機関が機能するには、私たちが銀行を信用する必要があるのです。

　銀行への信頼がなくなったら、どうなる？　あなたの銀行口座でお金が安全に管理されている、と信用できなくなったら？　そうなればおそらく、あなたはそのお金を引き出そうとするでしょう。銀行を疑うのが、あなただけだったらいいけど、大勢の人が銀行を信用しなくなって、自分たちのお金を一斉に引き出そうとすると、問題が生じます。いわゆる**銀行取り付け騒ぎ**（bank run）が起きるのです。

　"run"というのは、「走る」という意味の英語。"bank run"とは、自分のお金を引き出そうと人々が銀行に走ること。取り付け騒ぎは銀行にとって危機となりえます。銀行は預金の引き出しに十分なお金を、常に確保していなくてはならない、と決められていますが、すべてのお客さんが自分のお金を一斉に引き出そうとすると、銀行は機能しなくなってしまいます。このとき、銀行は預金を支払いきれません。取り付け騒ぎが起きたと預金者にうわさが広まると、さらに多くの銀行で取り付け騒ぎが起き、最終的には銀行システム全体が崩壊してしまいます。

第1次世界大戦と第2次世界大戦の間に、ノルウェーの銀行の多くは危機に陥りました。この写真は、1931年ベルゲン貯蓄銀行の取り付け騒ぎの様子。預金者がお金を引き出そうと列を作ったのです。
（写真著作権者：Knud Knudsen & Co.／ベルゲン大学図書館写真記録保管所）

日本では？

　日本でも銀行がつぶれたことがあります。好景気にわいた1980年代後半に大量にお金を貸し出した銀行ですが、1990年代に入ってバブル経済が崩壊すると、お金を返済できない企業が相次いで、銀行の経営も悪化。1997年に北海道拓殖銀行、翌年1998年には日本長期信用銀行が経営破たんしました。このときは、金融システムの信頼性を維持するために預金は全額保護されましたが、その後、定期預金や普通預金は元本1,000万円とその利息までを保護対象として、それを超えた分は補償の対象から外す**ペイオフ**が解禁されました。実際に、2010年日本振興銀行が経営破たんしたときには、ペイオフが実行されています。

グローバル化された世界でのあなたの銀行口座

　あなたの銀行口座は世界全体の巨大なネットワーク──つまりグローバル（世界的）な金融ネットワークのちっぽけな一部にすぎない、って知ってる？　このネットワークはたくさんの国の金融ネットワークで成り立っています。金融ネットワークは、お金があまっている人や会社を、お金が必要な人や会社とつなぎます。海外の顧客にお金を貸すことと、海外からの出資金を借り、受け入れることの両方によってノルウェーの銀行は、このネットワークに参加しています。ノルウェーの銀行は実際、海外からの借り入れと出資に完全に依存しているのです。それなくしては、ノルウェーの顧客にお金を貸す十分な資金を確保できません。

　グローバルな金融市場は、国家間のお金の移動をスムーズにします。他の国からのお金は、たとえばノルウェーの銀行があなたのおうちの人やノルウェーの他の顧客に住宅ローンを提供するために重要です。お金がスムーズに流れることで、世界の別の地域から品物やサービスを売り買いするのも簡単になるのです。

　このように金融市場によって、お店に一年中、オレンジが並び、魚の養殖業者が世界の他の地域で魚を売ることができます。同時に金融市場がグローバル化したことによって、世界のどこかの銀行危機や経済問題が、他の地域にまで広がりやすくなってしまいました。

補足資料

社会的銀行ってなんだろう？

環境に優しく、社会的責任を負うプロジェクトにお金を貸している銀行がある、って知ってる？ 児童労働をさせない、人間やその周りの環境を傷つけないよう営まれているなど、きちんとした労働環境、対価を用意しているプロジェクトにのみ銀行がお金を貸します。**社会的銀行**（Social Bank）や**持続可能な銀行**、**倫理的な銀行**などと呼ばれるこうした銀行は、たくさんお金を稼ごうとするよりも、環境や人が持続可能なやり方で社会を発展させることに、より重きを置いています。

社会的銀行のほうが、普通、他の銀行よりも、預けた場合にもらえる金利は低いです。理由の1つは、銀行が環境に優しく、社会的責任のあるプロジェクトに安い金利でお金を貸そうとしているから。社会的銀行は、どのプロジェクトに出資しているか熱心に情報を提供しようとしているから、あなたがお金を預けているなら、あなたのお金がどんなプロジェクトに出資されているか知れるはずです。

世界中の社会的銀行同士が、価値観に基づく銀行国際同盟（GABV：Global Alliance for Banking on Values）という独自の国際ネットワークで連携しています。ノルウェーからこのネットワークへ唯一参加しているのは、貯蓄銀行である文化銀行（Cultura Bank）です。

日本では？

社会的銀行は、まだ一般的ではありません。しかし、SGDs（持続可能な開発目標）という言葉を新聞などでも頻繁に目にするようになるなど、ヨーロッパ各国に習って、次第に環境へ配慮する視点は広がっています。また、ESG投資（Environment＝環境、Social＝社会、Governance＝企業統治の頭文字をとっている）と言って、環境・社会・企業統治に配慮している企業を選んで投資する手法も近年注目されていて、投資信託などを使って少額から気軽に投資できるようになっています。

さらに知りたい人へ

金融政策ってなに？

金融政策とは、物価を安定させる目的で、政府が設立した中央銀行が行う政策のこと。日本の中央銀行は、日本銀行（www.boj.or.jp）です。日本銀行がその時々の経済状況を見ながら、金利の上げ下げや公開市場操作を行います。民間銀行は日本銀行に口座を持っているため、日本銀行は「銀行の銀行」とも言われています。

景気が悪いときには、みんなお金を使わなくなるので、世の中に出回るお金の量が減ってしまいます。こんなとき、日本銀行は、預金金利を下げる政策をとります。民間銀行（あなたの

街にある銀行）は、日本銀行にお金を預けても大した利息がつかないので、日本銀行に預けたお金を引き出して、企業や個人にお金を貸そうと考えるようになります。貸し出しが増えれば民間銀行の利益は増えるし、企業や個人にとってもわずかな金利負担でお金が借りられるなら、新しい工場の建設やマイホーム購入をしようと考えるようになります。その結果、世の中のお金の流れが活発になってまた景気が良くなるというわけ。

反対に、景気が良すぎるときには、高いものが飛ぶように売れて、みんながどんどんお金を使うようになります。ほしい人が増えても、生産が追いつかないから、ものの値段がどんどん上昇していくのです。会社はたくさん作りたいから、働く人を増やしたい。そこで、給料を上げてでも新たな人を雇いたいと考えて、給料も上がっていきます。こんなとき、日本銀行は預金金利を上げる政策をとります。日本銀行の預金金利を上げて、民間銀行から預金を集めようとするのです。次第に世の中に出回るお金の量が減っていき、景気が落ち着くようになります。

こうした金利の上げ下げの他、日本銀行は公開市場調査（オペレーション）ということもやっています。このオペレーションとは、日本銀行が国債を売買して、市場に出回るお金の量を調節すること。「買いオペ」と言って、日本銀行が、民間銀行が持つ国債を買い戻すと、世の中に現金がたくさん出回ることになります。景気が悪いときには買いオペをして、景気を活性化させるのです。

8 あなたと銀行制度
銀行と金融市場

話し合ってみよう！

どうやって銀行を選ぶ？

あなたは自分の銀行口座を持ってる？　もし持っているのなら、その口座がどの銀行のものか知っているってことだね？　どうして他のどの銀行でもなく、その銀行にしたのかな？　多くの子どもが、親が使っているのと同じ銀行に口座を開くし、両親も実はおじいちゃんやおばあちゃんの使っていた銀行を使う人もいます。

お父さんやお母さん、他の大人に、銀行をどうやって選んだか聞いてみて。同じ銀行をずっと使ってる？　それとも途中で替えた？　銀行を選ぶとき、決め手となったのは、利率や手数料？　それともあなたが住んでいる地元の銀行を使いたい？　それとも銀行を選ぶのに、他のことを考えた？　将来、銀行を替えたいと思ったことはある？

どの銀行を使うか、なぜその銀行を選ぶのかよく考えるのは、とても大事なことです。そうすることであなたは意識的に選択をすることになるし、また同時にあなたの経済に対し、責任を持つことにもなるのだから。

第9章

経済の難しい面
失業と貧困、よりよい生活を求めて

ここまで経済をさまざまな側面から見てきました。どうやってお金を手に入れられるのか、お金をどう扱うのかを調べ、あなた個人のお金があなたの周りの世界とどうつながっているのかなど。この章では、経済のいくつかの難しい面を詳しく見ていきましょう。お父さん、お母さんの仕事がなくなったらどうなる？　貧困って、一体なに？難民は経済にどんな影響を及ぼすのかな？

誰かが失業したら、どうなる?

失業とは、仕事がほしいのに仕事がないこと。ノルウェーでは2014年11月の時点で、10万2,000人が失業者とされています。これはノルウェーの労働力、つまり働ける15～74歳の人の3.4％に当たる数です。他の多くの国と比べ、ノルウェーの失業率はそれほど高くありません。それでも本人たちの気持ちを考えてみると、10万2,000人というのはすごい数だとわかるはず。もしかしたらその中に、あなたの知り合いもいるかも？

日本では?

2018年11月時点で完全失業者（15歳以上の働く意欲がある人で、仕事に就くことができない人）は168万人います。日本の労働力の2.5％に当たります。

Web 労働力調査（基本集計）平成30年（2018年）11月分（2018年12月28日公表）／総務省統計局
www.stat.go.jp/data/roudou/sokuhou/tsuki/

誰かが失業したら、一体どうなる？　お母さんの仕事が突然なくなったら、って想像してみて。まずお母さんが恐怖を覚えたり、悲しんだりするでしょう。働くことは、多くの人にとって大切なこと。大半の人は仕事に多くの時間を使っていて、取り組んでいる仕事も、一緒に働

いている人たちも、その人の日常生活の中で重要な位置を占めます。仕事がなくなるってことは、生活の一部も失われるってこと。多くの人にとって、これは大変なことなのです。

とはいえ、お母さんが抱く一番大きな心配事は、きっとお金でしょう。仕事がなくなると、住まいや食事、服やその他あなたや家族が必要とするものにお金を支払うのが難しくなります。仕事を失うことは収入がすべてなくなる、ということを意味します。第6章で、税制は失業者のセーフティネット（救済策）をカバーする役割もある、ということを見てきたよね？　セーフティネットがあるってことは、お母さんが国から経済的な支援をもらえるよう申し込めます。この支援はお母さんが働いていたときにもらえた賃金より安いけど、必要最低限なものを買うのに十分な額です。失業するとたいてい、お金の余裕が以前よりなくなります。最終的にはお金が少なくなって、仕事を失った人が貧しくなる場合もあります。

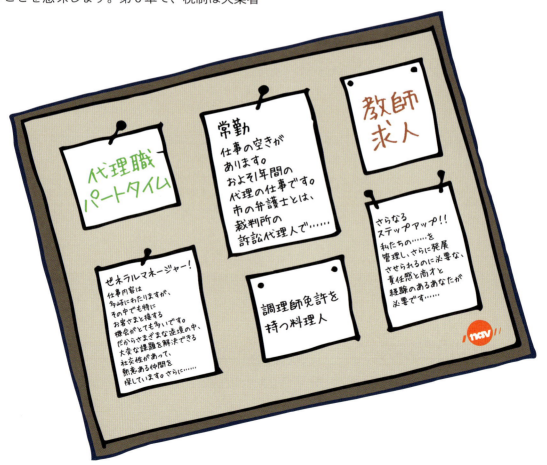

補足資料

失業手当と生活保護ってなに？

　失業者への社会保障には、**失業手当**があります。失業手当の対象になるのは、これまでの仕事を失った人で、次の仕事を積極的に探している人です。仕事を探している期間中、生活費として手当を受け取ることができます。その他、財産も仕事も失って、本当に生活が困窮してしまった人には、**生活保護**という制度もあります。健康で文化的な最低限度の生活を保障して、自立を促すことを目的としています。持病や高齢を理由に働けない人などで、家族の支援も得られず、預貯金も底をつくと生活保護の対象になります。

　日本の場合、失業手当は公共職業安定所（ハローワーク）、生活保護は市区町村の福祉事務所が窓口になります。ノルウェーの場合には、どちらもNav（労働福祉局）の管轄です。ノルウェーの詳しい情報は、www.nav.noで。

9　経済の難しい面　失業と貧困、よりよい生活を求めて

夏休み、家族で旅行に行けなくて、気まずい思いをする子が毎年いる。

貧困ってなんだろう?

　貧困という言葉を聞いて、なにを思い浮かべた？　飢えて、物をほとんどなにも持たない人？　それとも夏休み、旅行に行ったり、新しい服を買ったりするお金がない人？　どちらもたしかに、貧困と言えます。貧困の形は他にもたくさんあるけど、貧困は価値ある人生を生きる可能性に関わること。

　2013年、12億人の女性、男性、若者、小さな男の子、女の子が絶対的貧困という、極度の貧困状態にありました。アフリカのサハラ砂漠の南は、世界で最も絶対的貧困の人が多い地域です。人口の半分近く（48％）の人たちが、貧困の指標である貧困ラインを下回る暮らしをしています。

　絶対的貧困とは、1日の生活費が1.90ドル（およそ214円）以下のこと。貧しすぎて、十分な食べ物、服、教育、医療サービスを受けられない状態です。ノルウェーでは、絶対的貧困にある人は少数だけど、いることに変わりありません。価値ある人生を送るという言葉は、必要最低限の食べ物や服、医療サービスを受けられることだけを指すわけではありません。あなたの周りの人たちとともに、社会に積極的に参加できることでもあります。お金がかかるので活動に参加できなかったり、夏休みに一度も旅行に行けなかったり、カフェや映画に気軽に行けなかったりしたとしたら、それも一種の貧困です。これは、あなたの周りの人と比べて貧しいことを意味する相対的貧困です。

　この数年間で世界の中で絶対的貧困が減っている一方で、所得中央値の50％※を下回った所得しか得ていない**相対的貧困**が増えています。統計によると、ノルウェーで8万4,300人の子どもが相対的貧困にあります。これは18歳以下のノルウェーの子どもの8.6％に当たります。この数字から一般の学校のクラスの生徒25人

中、およそ3人が貧困ということがわかります。あるクラスには貧困の子が3人よりたくさんいて、別のクラスには1人もいないというのが実際のところなのでしょうが。貧困層は均等に分かれているわけではありません。他の地域より貧しい地域、町、村が必ずあるのです。

※同じ家族構成の家族を集めて所得の多い順に並べたとき、ちょうど真ん中にいる家族の半分しか所得がない状態。

日本では？

子どもの6人に1人が相対的貧困状態にあります。貧困状態の家族にとっては、日々生きることが重要視されるため、栄養バランスや、将来に向けた教育費は後回しとなります。そんな状況から子どもたちを救うため、食品メーカーが製造過程でできた規格外品などを福祉施設等へ送る「フードバンク」という活動が行われています。また、学校給食費や学用品代を補助する「就学支援制度」、高校や大学の授業料を支援する「奨学金制度」（21ページ）もあります。

9 経済の難しい面　失業と貧困、よりよい生活を求めて

貧困って恥ずかしい?

貧困についての研究者が「貧困状態にある人はたびたびそのことを恥ずかしいと感じている」ことを発見したそうです。貧しいのはみっともないと感じているって。研究者たちはたくさんの国の貧しい人たちに、体験談を聞いてみました。すると貧困の度合いは、大きく異なるものの、恥ずかしいと思う気持ちは類似していることがわかりました。

いわゆる絶対的貧困にあるウガンダの母親が、1日、たったの1ドルしか稼いでいないという例があります。こんな少ない収入では、子どもにちゃんとした靴を買う余裕もありません。その母親はそのことを恥ずかしく思っていました。ノルウェーで研究者たちが話を聞いた別の母親は、ウガンダのその母親よりずっと多く稼いでいましたが、それでも周りの人と比べると貧しいと思っていました。この母親は学校に古いぼろぼろの車でお迎えに行かなくてはならないことを恥じていました。彼女の家の近所の大半の人は、立派な車に乗り、お金のことをあまり考えなくてよかったから。彼女はその人たちと同じようにお金の余裕がないことを恥ずかしく思っていたのです。

貧困とは、どれだけたくさんお金を持っているかだけの問題ではありません。その人がどう感じているのかも関係します。貧困にある大半の人が、どうすることもできずに、恥ずかしい、としばしば感じています。だから多くの人たちが、お金の余裕がないことを隠そうとします。

アメリカボートの出港は、航海する側、受け入れる側、双方にとって大きな出来事でした。写真は1911年4月15日、S/S Spero号の出港を人々が待つクリスチャニアの埠頭の様子(写真:A.J.Skindervigem。著作権者は移住博物館。

KANTRET: Minst 40 er funnet druknet etter at en båt kantret utenfor Lampedusa. Bildet viser en båt med flyktninger i 2011. Foto: AFP

Minst 40 båtflyktninger omkom utenfor Italia

Over 23.000 flyktninger er omkommet i desperate forsøk på å komme seg til Europa siden år 2000.

Ifølge italienske medier er det funnet minst 40 omkomne etter at en fullastet båt med flyktninger sank vel 185 kilometer sør for Lampedusa mandag.

Den italienske marinen bekrefter at vel 240 personer er reddet opp fra havet og bragt i land.

De første meldingene gikk ut på at over båten hadde med seg over 400 mennesker og at halvparten skulle være druknet.

Marinen har ikke bekreftet de siste tallene , men sier de fremdeles søker etter overlevende.

9 経済の難しい面 失業と貧困、よりよい生活を求めて

数千、数万もの人が毎年、アフリカから豊かなヨーロッパへ移動します。乗員オーバーの壊れかかったボートで、地中海を渡ります。よりよい生活を夢見るそれらの人の大勢が、航海の途中で亡くなってしまいます。2014年だけでも、3,000人以上の難民がボートでヨーロッパを目指しました。

日本では？

難民については、外務省などが難民問題についての解説を公開しています。

Web 難民問題Q＆A／外務省
www.mofa.go.jp/mofaj/gaiko/nanmin/qa1.html

Web 難民を知る／認定NPO法人 難民支援協会
www.refugee.or.jp/refugee/

> さらに知りたい人へ

アメリカへの移住

　1825年から1915年の間に、およそ75万人のノルウェー人がアメリカへ移住しました。この時代、世界中の人たちがアメリカに移住したけれど、ノルウェーより大規模な人口移動が起こったのは、アイルランドだけでした。人々が移住をしたのには、さまざまな理由が。冒険を求め旅立った人もいれば、犯した罪への罰を受けたくなくて逃げ出した人もいました。でも一番の多い動機は、経済的に恵まれたいという願いでした。この時代、ノルウェーには貧困にあえぐ人がたくさんいたため、アメリカは自らの力で事業を起こし、商売で豊かになることが可能な、「可能性の国」とみなされていたのです。

　現実には、アメリカで豊かになるのも簡単なことではなく、移住した人の多くは、ノルウェーに戻ってきました。それでも現在、アメリカのウィスコンシンやミネソタといった州には、ノルウェーの移民の子孫が多く暮らしています。1919年には、ノルウェー系アメリカ人に興味がある人向けの独自組織、ノルウェー・アメリカ協会（NORAM）が作られました。今ではNORAM（www.noram.no）は、アメリカやカナダで勉強したいノルウェーの若者に、経済的支援をしたりしています。

経済的成功とよりよい生活を追い求める

　人はどう貧困に立ち向かうのかな？　貧困にある世界の人の大半は、今住む土地でただ生きながらえることの他になにもできません。それでも中には、豊かさを求め、他の国に移住を試みる人もいます。これを**経済的移住**と言います。150年前、何十万人ものノルウェー人が、貧困から脱したいなどの理由から、アメリカの地を目指しました。現在では、同じ理由からノルウェーに移住したいと願う人が多いようです。

　経済面だけで言えば、たくさんの人がよりよい生活を求め、移住してくることには、ノルウェーにとって、メリットとデメリットの両方があります。ノルウェーの国が労働力を必要としているのも事実。現在、世界各地からやって来た人たちが、ノルウェー社会で大切な仕事を担い、経済成長に一役買っています。一方で、移民の流入は時に経済的問題も生み出します。他の国から大勢の人がノルウェーにやって来すぎると、ノルウェーの福祉モデルが崩壊してしまうのではないか、と心配する人もたくさんいます。ノルウェーにやって来る人たちが仕事を得られなかったり、病気になったり、子どもを産んだり、年をとってからもノルウェーにとどまったりしたら、ノルウェーの今日の充実したセーフティネットを保つのに、お金がかかりすぎる、と心配する人も多いのです。

経済は人々が国境の向こうに移動する、たくさんの理由の1つにすぎません。戦争や迫害を逃れて来る人もいれば、単純に新しい経験を求めて来る人もいます。移住してきてよい人の動機や人数を規制するため、政府はさまざまな規則や法律を作っています。

日本では？

　日本でも過去にブラジルなどへの海外移住を政府が支援しました。最近では日本でも多くの外国人労働者を目にするようになりました。コンビニや外食産業の他、工場や漁業など実に多くの産業が人手不足に悩んでおり、外国人によって支えられています。実はその多くが留学生や技能実習生として日本に学びに来た外国人です。

　留学生は就労ビザは持っていませんし、技能実習生は最長3年しか滞在できず母国へ帰らなくてはいけません。

　外国人労働者の受け入れには、経済的メリットがある反面、社会保障問題や治安の悪化など多くの心配事が伴います。どこまで門戸を開くのか、長期的な視点に立った議論が求められます。

話し合ってみよう！

貧困を恥じる思いはどうしたら軽減できる？

　貧困を恥ずかしいと思う理由の1つは、私たちが比べる生きものである、ということにあるのでしょう。あなたは自分のことを誰と比べる？　お父さん、お母さんはどうかな？　聞いてみて。

　もう1つの理由は、お金や経済が成功——私たちの人生がうまくいっていること——の大切な印だから。でも、それって本当？

　他の国の極めて貧しい人たちは、食べ物を買う十分なお金を手に入れるため、しばしば物乞いをします。そういう人たちの中には、お金持ちの人に物乞いをしようとノルウェーにやって来る人も。そのことについて、あなたはどう思う？　友達と話し合ってみて。

まとめ コントロールしよう!

経済と権力、可能性について

「知は力なり」 とは、あなたがなにかを知っていたり、なにかできたりすれば、あなたが歩みたい道を歩み、社会に影響を及ぼす可能性が増す、っていう意味の格言。この本であなたは、経済についての知識を身につけたはず。こういう知識があなたの力になり、可能性を広げるのです。

　あなたがどうしたら一番、お金を手に入れられるのか、どうやって予算を立て、優先順位を決め、お金を貯める選択をし、お金を賢く使えるかわかれば、ほしいものを買い、やりたいことをやれる可能性は増します。あなたはあなた自身の人生をより上手にコントロールできるようになるのです。これがこの本の第1部のテーマでした。第2部では、あなた個人の経済とあなたの人生が、周りの社会とどうつながっているのかを詳しく見ていきました。このことで、あなたの力、それに可能性はさらに増したはず。税制、消費社会、銀行制度について理解を深めることで、これらの制度と自分がどう関わっていったらいいか選びやすくなります。今のあなたは税金を支払うことについて、自分の意見を持っているはず。あなたはもっと意識の高い消費者になりたい？

　経済についての知識を身につけることで、あなたが周りの世界に影響を与えられる可能性も増します。経済が確固たる制度でないことはわかったかな？ 時が経つにつれ、経済は変わっていくのです。歴史の中で、たとえば羽根や貝殻、仮想通貨までもがお金として使われてきました。第3章ではそれがどうして可能だったのか、お金とは一体なんなのかをさらに学びましたね。第3章ではかつて自給自足と交換経済が現代のような貨幣経済より一般的だったこと、これが将来の解決策になるであろう、と考える人がいるのもわかったはず。第6章では昔の税制が、今の税制とまったく別物だったのが明らかになったよね？ それに税が食料や兵役で支払われたこと、かつては福祉国家などなく、経済的な問題を抱えた人たちへのセーフティネットなどなにもなかったこともわかりました。

　経済の動きを決めるのは、自然の法則ではありません。経済を作るのは私たち人間。将来もそうであることに変わりないでしょう。税制から世界の貧困までのすべてが、私たちの行動、政治的選択で変わります。その選択に、あなたも影響を及ぼせるのです。

翻訳者あとがき

読者のみなさんへ

枇谷玲子

子どもたちの権利

『北欧式お金と経済がわかる本』いかがでしたか？ ノルウェーと日本の驚きの違い、いっぱい発見できましたか？ みなさんは、お金について意見を言ったときに、「自分でお金を稼ぐようになるまで、子どもは黙ってなさい」とおうちの方から言われたことはありませんか？ 私も子どものとき、そう言われました。でもこの本の作者は、あなたたちは消費者としての権利を持っているのですよ、と子どもたちを励まし、社会をよくする一員として尊重しています。たとえば社会をよくする事業にお金を貸す社会的銀行で口座を開いたり、買い物のとき、従業員の労働条件や自然環境に配慮する倫理的企業の商品を買ったりするよう大人に促したり、選択する権利と自由を子どもも持つのだと。

第4章の話し合ってみよう！ なんのために貯金する？（40ページ）では、

「家族みんなで貯金の目的について話し合ってみよう。家族会議を開いて、買いたいもの、みんなでしたいことがないか考えてみて。…中略… いくらかかるか調べ、そのお金を貯めるため、一人一人がなにをできるか話し合ってみましょう。」

とあります。みなさんのお父さん、お母さんの中には、家計について子どもがここまで口を出すことに違和感を覚える人もいるかもしれません。

また第5章の誰がカードを持てる？（43～44ページ）では、

・ノルウェーの場合、デビットカードを持つのに年齢制限がないため、7歳や8歳のまだ幼い子どもにカードを発行する銀行もある（政府は自分のカードを持つのは10歳になってからにするよう勧めているが禁止はしていない）
・日本の場合、15～16歳としている銀行が多い

と書かれています。そして、クレジットカードについては、

・ノルウェーの場合、持つのに年齢制限はない
・日本の場合、18歳にならないと持てない（ただし18歳になっても、まだ高校生だと持てない）

とも書かれています。ここでもノルウェーと日本の違いに、驚く人が多そうです。

さらに、第1章の知ってる？ 子どもが自分で稼いだお金の使い道を決められるかについて、法律ではどう定められている？（11ページ）では、

「ノルウェーの児童保護法では、14歳かそれより下の子が稼いだお金や、おこづかいとしてもらったお金の決定権は親にあると定められています。でも15歳以上になると、自分のお金の使い道は自分で決め、管理できます。ただし17歳かそれより下の子が、その子にとってよくないことに、お金を使おうとしたら、おうちの人には止める権利があります。あなたがどれぐらい自由にお金の使い道を決めてよいか、おうちの人と話し合っておくといいでしょう。」

一方、日本では、

「未成年者（現在20歳未満、2022年4月以降は18歳未満）が働いて得たお金は、直接本人に払われることになっていて、代わりに親に払ってはいけません（労働基準法より）。一方で、日本の法律では、未成年者のお金や法律の手続きなどを、子どもに代わって親がする権利・義務があります。このことを親権と言います。そのため、未成年者がよくないことにお金を使おうとした場合には、それを止める権利が親にはあります。」

と書かれています。

これについてはなにが正しいか、絶対的な答えはありませんが、ノルウェーでは18歳になると、親元を離れ、一人暮らしをしたり、学生寮に入ったり、仲間と一緒に家やアパートを借りて共同生活をする若者が多いことが、このように早い段階から自立を促す金銭教育の背景になっているのかもしれません。

私は大学生のとき、お隣のデンマークに留学していましたが、北欧の大学生が銀行でみんなでお金を借りてローンを組み、一軒家を購入し、シェアして暮らしているのを見て、驚かされました。また15年近く前の当時からすでにクレジットカードもかなり浸透していて、大学生がクレジットカードを使って、キャッシングも気軽にしていました。だから銀行口座がマイナ

スの大学生もけっこういるという話で、まだ社会人になっていない若者がお金に対してこんなにも決定権を持つものかと驚かされましたし、本当にそれでいいのかという違和感をも覚えました。この本では、著者が子どもたちの安易なキャッシング利用に注意喚起を促しているので、みなさんにもそこは注意深く読んでほしいところです。将来、クレジットカードの利子と複利で、返済額が膨らみ、大変な思いをせずに済むように。

この本の様々な魅力について

　ノルウェーと日本の違いを知り、楽しめるところがこの本の魅力です。たとえば第1章の話し合ってみよう！　おこづかい制って、いいと思う？（17ページ）では、ノルウェーでおこづかい制をとる家が減ってきていて、今は日本よりずっと少ないことがわかります。海外の事例を知ることで、身の回りの世界を今までとちょっぴり違った新しい見方で見られるようになるでしょう。おこづかいについて改めて親子で話し合ってみませんか？

　お金について子どもに向けて書くのはとても難しいことです。なぜならお金について大人が書くとき、つい自分の人生観、価値観を子どもに押しつけたくなるからです。本当はなにが正しいか、答えは1つではないのに。大人だって間違えることは一杯あります。1つの価値観に縛られず、多様な可能性、考え方が示されていること（たとえば税金のところでは、税金が世界でも最も高い国の1つであるノルウェーの人たちの税金に対する様々な考え方が示されています）、子どもの考えを促すような問いかけがされているのもこの本の強みです。

　この本の魅力はまだまだあります。経済やお金についての新しい価値観が示されているところです。たとえば大人の本の世界では盛んに議論されているのに、価値や信頼が定まっていないことから、子どもの本ではまだ扱われることの少ない仮想通貨や、日本では最近ようやく話題に少しなりつつある社会をよくする事業にお金を貸す社会的銀行という最新の概念、お金を使って売り買いする私たちの社会で一般的な貨幣経済に昔よく行われていた物々交換と自給自足を組み合わせたルーマニアのシゲトゥ・マルマーツィエイという町の経済のあり方。物を次から次へと買うのでなく、物々交換したり、古いものをリメイクすることなども。当たり前のわかりきったことを書かない、子どもを見くびらないのが北欧の児童書の最大の魅力です。だから読んでいてこんなにもわくわくして、知的好奇心をくすぐられるのです。

　第9章の貧困ってなんだろう？（92ページ）で、貧困という話しにくいテーマについて真っ向から描かれているところも、タブーのほとんどない北欧の児童書ならではです。ここではノルウェーの子どもの25人中、およそ3人が貧困と書かれています。一方、日本では子どもの6人に1人が相対的貧困状態にあると書かれています。日本のほうがノルウェーよりも貧困にある子どもが多いのですから、それだけ貧困について子ども自身が苦しんだり、悩んだりすることが多いであろうと考えられます。子どもたちの声なき声に耳を傾け、それを世の中に届ける手助けをするのが本の——メディアの役目ではないでしょうか。

　子どもの本でお金について書くのが難しいと、先に触れましたが、もう1つの理由は、お金がみんなに平等にいきわたっているわけではないことではないでしょうか。ニュースなどでよく聞く経済的「格差」とは、これを表す言葉です。日本ではノルウェーと違って、高校、大学に行くのに、学費がかかりますよね？　それで家庭の経済状況を理由に進学をあきらめる子どもがいるのは事実です。みなさんの学びの機会がお金によって制限されることがない社会の実現を切に願っています。

　また、税金のことが多くこの本には書かれていますが、外国の税金制度について知ることで、日本の税金の使い方についてみなさんも考え、自分の意見を持ち、ぜひ投票に行ってほしいという願いも込めて、この本を訳しました。国民一人一人が社会に影響を及ぼす権利を持つ主権者であるということが、この本で一貫して書かれていました。このようなことを教える教育を主権者教育と言います。北欧はこの主権者教育の先進国なのです。

　進んだ金銭教育を受けることは、日本でもお金を払えばできるのかもしれません。しかし本という形で発表することで、貧富の差にかかわらず、すべての人が図書館でこの本を読むことができます。そして最後に、この本に関わったすべての方々に感謝いたします。

監修者あとがき

保護者の方へ

氏家祥美

近年、子ども向けにも大人向けにも「お金」の知識を扱う本は、だんだん増えてきました。子ども向けだと、おこづかいトレーニングもあれば、株式投資入門、中には起業家育成を意識した本もありますね。大人向けだと、家計管理や資産運用、経済ニュースを読み解くための経済入門書なども人気があります。

この背景には、大人になってから経済知識の必要性に気がついた人が多いことがあると考えられます。そして、自分の子どもにはぜひお金の知識を身につけて、お金に困らない人になってほしいと願う親心が反映されているからだと思います。

大学受験では「考える力」が必要に

本書のまえがきでも書きましたが、2021年1月の受験から、現在の大学入試センター試験が廃止されて、新たな入試制度が導入されます。

大学入試センター試験は、マークシートからの選択で暗記力重視の試験ですが、今後は、資料の読み取りや記述式問題が増え、思考力や表現力、総合力がこれまで以上に必要になると言われています。教科書の枠を超えた、日頃からの社会問題への関心の高さがいざというときに役に立つでしょう。

政治や経済の話題は一見難しく感じますが、実はすべて私たちの暮らしに密接に関わっています。子どもとニュース番組を一緒に見ながら、そのニュースが自分たちのこれからにどんな影響を与えるか、親子で話し合ってみてください。本書にはそうした会話のヒントも多数ちりばめられています。

子どもたちに質問すると、年齢に応じたその子ならではの視点で答えてくれますし、大人の視点を伝えるチャンスになります。自分の意見を伝えつつ、相手の意見をくみ取って合意形成する力は、今の社会がまさに求めている力です。受験も変わってきていますし、一生役立つ力を家庭で養ってください。

成年年齢18歳へ引き下げが与える影響

2022年4月1日からは、成年年齢が18歳に引き下げになります。飲酒可能な年齢は従来通り20歳のままの予定ですが、この引き下げによって18歳以上なら親の許可なくお金にまつわる契約もできるようになります。これは実に恐ろしいことです。

本書の第1章では、ノルウェーの高校生のアルバイトが紹介されていました。日本の高校生は、アルバイトで月に何万円ものお金を自由に手にしている子がいる一方で、校則でアルバイトが禁じられ、ひたすら受験勉強に集中している子も多く、金融リテラシーには大きな個人差があります。

私が心配しているのは、親や学校に大切に守られてきた子どもたちの中に、晴れて受験が終わった途端、消費者被害にあってしまう子がいるのではないかということです。実際、現在も20歳になったばかりの子を狙ってセールスをかける悪徳業者がいるそうですが、成人年齢の引き下げによって対象年齢が下がる恐れがあります。

高校生からの消費者教育、経済教育が、成人年齢の引き下げにより、これまで以上に重要になっていきます。

北欧とアメリカのお金教育の違い

北欧発の本書は、これまで日本で発売されてきたお金や経済の本とは少し趣が異なります。

北欧は消費者教育の先進国です。自立した消費者としての権利や義務について学校でも家庭でも語られています。本書でも、お金を計画的に使う方法のみならず、自分の使ったお金がどのように社会に影響を与えているかといったところまで、広い視点で語られています。持続可能性のある世の中の実現に向けて、日々の消費行動を通じて大切な一票を投じるという本書の視点は、これからの日本ではますます必要になるでしょう。

一方で、「お金と経済」というタイトルから、投資や金融の仕組みといった部分も期待した方がいるかもしれません。ここで、私が子どもたちに知っておいてほしいと思う、投資や金融のポイントについて触れて

おきます。

確定拠出年金の普及で投資が当たり前に

　ここ数年は超低金利が続く一方で、株価が高い傾向にありました。そんな中、NISA（ニーサ／少額投資非課税制度）やiDeCo（イデコ／個人型確定拠出年金制度）といった投資の税制優遇制度が相次いで導入され、個人の資産運用を後押ししてきました。こうした背景もあり、貯蓄好きと言われる日本でも、投資による資産形成が普及してきています。

　さらに、企業では、企業型確定拠出年金が盛んに導入されています。2018年現在で、6人に1人が企業型確定拠出年金に加入している状況です。

　確定拠出年金とは、企業の退職金（企業年金）制度の1つで、企業が出した退職金原資を従業員が自己責任で運用するというものです。運用がうまくいった従業員は、退職後に多くの企業年金を受け取ることができますが、運用に失敗した従業員は退職後の企業年金が目減りします。

　投資経験のない人には不安のある制度ですが、企業が導入をすると決めたら、従業員は加入することになります。是非ともかくとして、「投資は危ない」「資産運用なんて関係ない」と言っていられない世の中になりました。大切な自己防衛策として、正しくリスクとリターンの関係を知って、資産運用にも少しずつ慣れていく必要があると感じています。

　また、ESG投資といって環境・社会・企業統治に配慮した投資も近年広がってきています。投資行動を通じて、持続可能性のあるよりよい社会づくりを後押しするものですが、それも本書のお金の考え方と根底は同じです。

　投資についてもっと知りたい人は、日本証券業協会（www.jsda.or.jp）や、投資信託協会（www.toushin.or.jp）のウェブサイトでわかりやすく解説されているので参考にしてみてください。

リボ払いの試算ツールで金利負担を実感

　私が学生や社会人になった子どもたちに、ぜひとも知っておいてほしいのは、金利の基礎知識と、給与明細（税金、社会保険料）の基礎知識です。

　金利の知識がないために、安易にクレジットカードのリボ払いを利用している若者が大勢います。中には、借金返済のために他のカードに手を出し、多重債務に陥る人もいます。テレビCMではリボ払いの手軽さを宣伝していますが、手軽さの裏には高金利の落とし穴があります。クレジットカードはなるべく計画的に利用して、利子がかからない「一括払い」を選ぶように伝えたいですね。また、日本クレジットカード協会のウェブサイト上では、リボ払いで払う利息を計算できる「買い物シミュレーション」を提供しています。子どもがまだ親の目の届くところにいるうちに、こうしたツールを使って利息の負担感を一緒に実感しておきたいところです。

・買い物シミュレーション（日本クレジットカード協会）
www.jcca-office.gr.jp/consumer/revolving/

　また、金利の知識があれば、将来的にマイホームを購入するときにも、余計な利息を払うことなく自分にあった住宅ローンを利用できます。本書では第2章で、借入利息や複利と単利の違いについて解説しました。わずかな金利差でも複利の場合、返済期間が長くなると総返済額では大きな差になるので気をつけましょう。

給与明細には役立つ情報が満載

　金利とともに、就職前にぜひとも知っておいてほしいのが、給与明細の読み方についてです。社会人になってお給料をもらうようになると、税金や社会保険料が天引きされます。しかし、学校でも企業でもそれぞれの内訳について習う機会はほとんどなく、多くの人が社会保険をうまく使いきれていません。

　図Aは、20歳代前半の会社員の給与明細のサンプル例です。

　日本では所得が増えるほどに所得税率が重くなる累進課税制度をとっているため、若いうちは所得税負担はそれほど重くありません。それよりも、健康保険や厚生年金保険といった社会保険料の負担のほうがはるかに重くなっています。

　保険料を負担するからには、どんな働きがあるか知

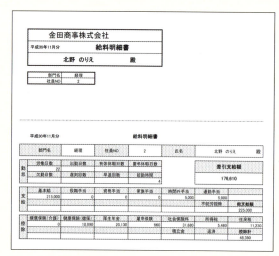

図A　給与明細見本例

っておきましょう。健康保険は病気になったときだけでなく、出産費用（出産育児一時金）や産前産後休暇中にお金（出産手当金）を支給してくれます。雇用保険は会社を辞めたとき（失業手当）のほかにも、資格取得など自己啓発に使った費用を補てん（教育訓練給付金）してくれます。育児休業中や介護休業中にもお金が支給されます。

このように、制度を知っておくと得することがたくさんあります。

社会保険の仕組みを知ろう

社会保険は相互扶助の仕組みです。若くて健康で元気に働けているうちは、その恩恵にあずかる機会が少ないものですが、実は給料から差し引かれている社会保険料と同額かそれ以上を会社が上乗せして支払っています。だから、会社員は自営業者に比べると、老齢年金の受取額が手厚くなるのです。

また、重大な事故や重い病気にかかったときにも健康保険の高額療養費制度が利用できます。そのため、わずかな自己負担で治療を受けることができます。

本書の第6章で見たように、日本は北欧よりも税金や社会保険料の負担率が低く、アメリカよりは社会保障が充実している、バランス重視の制度設計になっています。

年金で老後は悠々自適とは言えないまでも、日本ではあらゆるリスクに対応できるセーフティネットが整っているので、足りない分だけ自分で保障を補えばいいのです。制度を知らずにいたずらに不安になったり、高額な保険料を支払う必要はありません。

少子高齢化で負担増の世の中に

日本では少子高齢化が急速に進んでいます。社会を支える若者の人数が減り、支えられる高齢者の数が増えていきます。そのため、今後はますます税金や社会保険料の負担が増えていくでしょう。

これからは今まで以上に、男性も女性も、若者も高齢者も元気な人はみんなで働き、みんなで社会を支える、そんな世の中へと変化していくと思われます。「男の子だから、女の子だから」といった性別による区別や、「もう年だから」といった年齢による言い訳がだんだん通じなくなっていきます。

一人一人の個性や意見を活かした自由と責任のある世の中を築いていきたいですね。そうした意味では、日本の先を行く北欧、ノルウェーの教育が参考になるのではないでしょうか。

最後に

「家庭の食卓でもっとお金の話、世の中の話をしてほしい」と思っていた私にとって、ノルウェーの経済研究家・コンサルタントである著者、グンヒル・J.エクルンドさんの発するお金や経済の話はとても共感できるものでした。

著者のグンヒルさんも、翻訳者の枇谷玲子さんも、監修した私も、子どもの健全な成長を願う1人の母親でもあります。また、編集者として多大なお力添えを下さった翔泳社の片岡仁さんも同じ願いを持った父親でした。みんなの思いが1つになって、北欧ノルウェーと日本をつなぐ、お金と経済教育の本ができました。お茶の水女子大学大学院で労働経済学についてご指導をいただき、本書に関わるきっかけを下さった永瀬伸子教授には、本当に感謝しています。

本書が日本の子どもたちの未来に役立つことを心より願っています。

用語集

【赤字】収入より支出が多いこと。
【暗証番号】たとえばインターネットやスマートフォンなどでカードやサービスを利用する際に本人確認を行うための番号（個人識別番号）。

【カード】品物やサービスの支払いに、現金の代わりに使えるプラスチックのカード。【デビットカード】と【クレジットカード】を参照。
【外貨】外国のお金。外国の通貨。
【格差是正】お金持ちの人と貧乏な人の差を小さくすること。
【仮想通貨】デジタル通貨。お札や硬貨のような形がなく、データベース上の数字としてのみ存在するお金のこと。
【元金】貸し借りした実際の金額。借金や預金をした場合の、利子を含まない元々の金額。
【間接税】消費税やたばこ税、酒税などのように、税金を実質的に負担する人と、税金を納める人が異なる税金のこと。
【関税】国境を越えた売買に課される間接税。関税や消費税がかからない品物を、免税品と呼ぶ。

【起業家精神】新しい可能性、解決策を見いだし、それによりお金を稼ごうとする姿勢。
【基礎控除】家族構成や諸事情に関係なく、一律に差し引ける控除のこと。
【給与所得控除】給与所得を計算するときに、給与収入から差し引ける金額のこと。必要経費の代わりとして、給与収入額に応じた金額が算出される。
【銀行】お金があまっている人と借りたい人をつなぐ機関。預金を受け付けたり、ローンを提供したりする金融業の重要な一部。
【銀行口座】自分のお金を出し入れできる預金口座。銀行に個人が持つ金庫。
【銀行取り付け騒ぎ】銀行の顧客が大勢、一気にお金を引き出そうとする状況。
【金本位制】金を通貨価値の基準とする制度
【金融監督庁】銀行や他の金融機関が、法律を守って運営されるよう監視する政府機関。
【金融機関】金融取引を行う組織のこと。銀行、保険会社、信用金庫、証券会社など。
【金融市場】お金があまっている人のお金を、お金が必要な人に渡す市場。銀行は金融市場の一部。他にはいわゆる有価証券市場がある。有価証券については以下のサイトで詳しく読める。
Web 学ぶ／日本証券業協会
www.jsda.or.jp/manabu/
【金融制度】お金が支払い手段として機能するようにする制度。
【金利】お金を貸し借りしたときに一定の割合で支払われる対価。預金したときには『利息』、借金したときには『利子』と言葉を使い分けることもある。

【クレジットカード】買い物の支払い手段として使えるカード。信用に基づいて手元にお金がなくても買い物ができるほか、お金を借りることもできる。ただし、あとから、借りたお金に利子をつけて返すことになる。

【経済成長】住民1人当たりの品物やサービスの生産や消費の量が増えること。
【経済的移住】経済的理由から国境の向こうに移動すること。
【決算】成果、効果。経済によりもたらされる結果。決算＝収入－支出。
【現金】お札や硬貨。

【交換経済】お金を使わずに品物やサービスを交換、取り換えっこする経済システム。
【控除】税額を計算するときに、家族構成や諸事情を考慮して、所得から一定の金額を差し引いて税負担を軽くすること。
【国税】国に納める税金のこと。国税には、所得税、法人税、相続税、酒税などがある。国税に対して、地方自治体に納める税金のことを地方税と言う。
【国内総生産（GDP）】その国で一

105

定期間に生み出されたものやサービスから生まれた付加価値の合計。
【雇用者】労働者を雇う人、企業。

【残高】口座にある収入と支出の差。

【自給自足】自分の食べるものを主に自分で調達・栽培し、必要なものは自分で作る経済システム。
【資産課税】個人や法人の資産や財産に対する課税のこと。相続税、贈与税、固定資産税、自動車税など。
【資産税】資産や財産にかかる税金。固定資産税など。
【支出】支払い額。出ていくお金。反対語は収入。
【失業者】働く意思と能力があり、積極的に仕事を探しているけれど、見つからない人。完全失業者、無職とも言う。
【失業手当】失業中の生活を支えるために国が支払うお金のこと。前に働いていたときの所得収入から算出する。
【資本】借金をすべて差し引いた、資産の価値。
【社会的銀行】環境や社会的責任に配慮した事業にお金を貸す銀行。
【社会保障】病気、けが、出産、障害、死亡、老化、失業などに際して、貧困を予防し生活を安定させるために社会で支えるしくみのこと。
【収入】稼ぐお金の額。入ってくるお金。支出の反対語。
【奨学金】学生を援助するために

貸与（貸す）、または支給されるお金のこと。貸与型は卒業後に利子をつけて返さなければならない。
【消費】欲望を満たすためにお金や物、サービスを使うこと。使って無くすこと。
【消費課税】消費に対する課税のこと。消費税のほか、たばこ税、酒税、揮発油税なども含まれる。
【消費期限】安心して食べられる期限。傷みやすい食べ物には消費期限が表示されている。
【消費者】品物やサービスを買う個人。
【消費者運動】消費者の権利を守るための運動。
【消費社会】人々が品物やサービスをたくさん売り買いし、消費が経済を動かす重要な原動力となる社会。
【消費者の権利】商品やサービスに対して消費者が持つ権利のこと。安全である権利、知らされる権利、選択できる権利、意思を反映させる権利、消費者教育を受ける権利、生活の基本的ニーズが保障される権利、救済を求める権利、健康な環境を求める権利の8つがある。
【消費者ローン】担保がいらず、好きなことに使えるけれど、高い金利がかかるローン。つまり、消費者ローンでお金を借りると高くつく。
【賞味期限】おいしく食べられる期限。スナック菓子やカップ麺など、傷みにくい食品に表示されている。
【食品ロス】売れ残りや食べ残しなどで、本来は食べられる食品が

無駄になり、処分されること。
【所得】給与や売上などの収入から、かかった経費などを差し引いた金額。
【所得税】私たちの稼ぎに応じて算出される直接税。

【税金】国民が行政に対し、支払うお金のこと。
【税務署】税金に関する相談への対応や、税金の納付状況を調査、地域の人や会社から税金を集める仕事などをしている役所。

【代金】商品やサービスの買い手が売り手に支払うお金。
【代金引換】宅配業者が商品を届けたときに、同時に集金するしくみ。
【退職証明書】仕事を辞めるとき、雇用者からもらう証明書。その会社での仕事の内容、働いた期間、給与、役職、会社を辞めた理由などが書かれている。
【脱税】税金をごまかして支払わないこと。

【地方税】地方自治体に納める税金のことで、都道府県税と市町村税がある。地方消費税、住民税、固定資産税など。
【中央銀行】国の金融システムの中心となる機関。お札の発行や、銀行にお金を貸し出す「銀行の銀行」としての機能を持ち、金融政策などを行う。日本の中央銀行は、

日本銀行である。

【直接税】私たちが稼いだ額（所得）と所有する額（純資産）から計算される税。【所得税】、【法人税】も参照。

【通貨】国または地域のお金の単位。たとえば日本では円、ノルウェーではノルウェー・クローネなど。

【デビットカード】銀行の預金口座と直接つながるカード。カードで買い物をしたのと同時に口座からその額が引き落とされる。口座残高が不足すると、カードは使えなくなる。

【テレフォンバンキング】電話を使った銀行の取引。

【ネット銀行】インターネット上の銀行サービス。

【納税申告書】税金を計算するための書類のこと。売り上げ、経費などが書かれている。税務署に提出する。

【被雇用者】会社等に雇われて賃金を受けとり働く人。

【貧困】貧しく生活に困る状態。絶対的貧困とは、食べ物や服、住居、教育、医療サービスなど基本的なものが欠けて、最低限の生活ができない状態。相対的貧困は、全世帯の中間所得の半分よりも所得が少ない状態。その国の標準的な暮らしができない状態。

【付加価値税】品物やサービスの売買額から算出される間接税。

【福祉国家】社会の構成員が健康に問題を抱えたり、収入がなくなったり、社会的苦境に立たされたりした人を行政が支援し、すべての人に教育を提供する経済・政治システムを持つ国。

【複利】発生した利息を元金（借りたお金）に足し、新しい元金として利息を計算する方法。同じ利率で運用した場合、当初の元金に対してだけ利息がつく「単利」よりも、複利のほうが、運用期間が長くなるほど有利に運用できる。

【ペイオフ】銀行などの金融機関がつぶれたときに、預金保険機構から預金者に直接お金が支払われて保護されるしくみのこと。預金者1人当たり元金1,000万円とその利息分が保護される。

【法人税】株式会社や協同組合などの法人が、事業で得た利益に対して支払う税金。

【前借り】代金や給料などを実際に支払うべき期日より前に支払うこと（前払い）。

【満期日】請求書の支払いやローンの支払期限、日付。

【優先】他のことよりも前にやることを選ぶこと。

【予算】特定期間の収入と支出と貯蓄の計画。

【預貯金】銀行などの預金と郵便局の貯金のこと。元本（もとの金額）が保証されている。

【ライダング】ノルウェーで知られる個人に対する課税制度で最古のもの。および、税金徴収部隊。

【リメイク】古い服やものを作り直したり、新しい方法で使ったりすることで再利用すること。

【留保金】思いがけない支出に備えるための経済的な準備金。

【労働組合】労組とも呼ばれる。労働組合は全組合員の賃金や労働条件を交渉し、労働者の権利を守ろうとする。

【労働契約】新しい仕事を始めるときに交わす、書面上の誓約。労働者と雇用者両方の権利と義務が書かれている。

【労働力】15歳以上で、働く能力と意思がある人の数。

【ローン】お金を貸し出すこと。住宅ローン、カードローンなど。

107

さらに知りたい人へ

本

参考文献 児童労働について知りたい

『このTシャツは児童労働で作られました。』
シモン・ストランゲル／著、枇谷玲子／訳（2013、汐文社）
ISBN 9784811389745

ファスト・ファッション・ブランドの下請け工場などでの児童労働や過酷な長時間労働、グローバル化による経済格差、残虐でずさんな食肉産業の実態などの問題を、恋愛や友情模様を交えながら、みずみずしく描いた物語。スリリングでおもしろいのに、深く考えさせられるので、エンターテインメント作品としても楽しめる。中高生にオススメ。

お金の大切さや使い方をもっと知りたい

『子どもにおこづかいをあげよう！』
藍ひろ子／著、西村隆男／監修 （2014、主婦の友社）
ISBN 9784072939185

親向けに書かれた、子どもの金銭教育の本ですが、お金の大切さや働くことの意味、金銭管理などが説明されていて、マンガもあって読みやすいので中高生にもオススメ。

『PTAで大人気のお金教育メソッド
一生役立つ「お金のしつけ」』
たけやきみこ／著、大原由軌子／絵 （2012、KADOKAWA／メディアファクトリー） ISBN 9784040670669

ファイナンシャルプランナーである著者が書いた「おこづかいで一生使えるやりくり力を育てる」本。小学生・PTA向けの講座の内容がベースになっているそうで、ポイントがマンガでわかりやすく説明されていて、親にも中高生にもオススメ。

世界の通貨を知りたい

『コインと紙幣の事典（「知」のビジュアル百科）』
ジョー・クリブ／著、湯本豪一／日本語版監修 （2006、あすなろ書房） ISBN 9784751523308

小中学生向けの実物写真による世界のお金事典。エジプトの銀塊、江戸の大判小判から戦時中の貨幣、ユーロ通貨まで、古今東西500種を超える通貨を紹介しており、楽しく読みやすい一冊。

ノルウェーの教育

『新しく先生になる人へ──ノルウェーの教師からのメッセージ』
A.H.アンドレセン, B.ヘルゲンセン, M.ラーシェン／著、中田麗子／訳（2008、新評論） ISBN 9784794807854

北欧の主権者教育

『あなた自身の社会──スウェーデンの中学教科書』
アーネ・リンドクウィスト, ヤン・ウェステル／著、川上邦夫／訳（1997、新評論） ISBN 4794802919

『スウェーデンの小学校社会科の教科書を読む：日本の大学生は何を感じたのか』
ヨーラン・スバネリッド／著、鈴木賢志＋明治大学国際日本学部鈴木ゼミ／編訳（2016、新評論） ISBN 9784794810564

消費者教育

『北欧の消費者教育──「共生」の思想を育む学校でのアプローチ』
北欧閣僚評議会／編、大原明美／訳（2003、新評論）
ISBN 4794806159

Web

お金の知識・情報

知るぽると／金融広報中央委員会
www.shiruporuto.jp/public/
金融広報中央委員会（事務局：日本銀行情報サービス局内）のWebサイト。暮らしに役立つ身近なお金の知恵や情報のほか、教材なども多数紹介されている。

金融経済教育

パーソナルファイナンス教育について／日本FP協会
www.jafp.or.jp/personal_finance/
日本FP協会が行うパーソナルファイナンス教育インストラクター制度の紹介ページ。教材も多数紹介されている。

経済入門

マンガでわかる経済入門／man@bow（まなぼう）
manabow.com/hayawakari/

本書で紹介したWeb

労働条件

Q&A：雇用契約／確かめよう 労働条件：労働条件に関する総合情報サイト・厚生労働省

www.check-roudou.mhlw.go.jp/qa/roudousya/koyou/q2.html

おこづかい調査

子どものくらしとお金に関する調査（第3回）2015年度／知るぽると

www.shiruporuto.jp/public/document/container/kodomo_chosa/2015/

奨学金（借入額や返済計画のシミュレーション）

進学資金シミュレーター／独立行政法人日本学生支援機構

shogakukin-simulator.jasso.go.jp

通信販売

公益社団法人 日本通信販売協会 JADMA（ジャドマ）

www.jadma.org

チェックの視点〜画面を確認しよう〜／東京くらしWEB

www.shouhiseikatu.metro.tokyo.jp/torihiki/f_tori/t_internet/check.html

少額輸入貨物の簡易税率／税関 Japan Customs

www.customs.go.jp/tsukan/kanizeiritsu.htm

国のお金

税のしくみ　税の種類と分類：税の学習コーナー／国税庁

www.nta.go.jp/taxes/kids/hatten/page02.htm

財政関係パンフレット・教材：【財政学習教材】日本の「財政」を考えよう／財務省

www.mof.go.jp/budget/fiscal_condition/related_data/related_data/

予算・決算（国のお金の使い道）／財務省

www.mof.go.jp/budget/

消費者としてのあなたの権利

当サイトについて：消費者の権利／消費者教育ポータルサイト

www.kportal.caa.go.jp/about/#kenri

買い物、支払い、商品の消費生活相談窓口

全国の消費生活センター等／独立行政法人国民生活センター

www.kokusen.go.jp/map/

買い物シミュレーション リボdeお買い物♪／日本クレジットカード協会

www.jcca-office.gr.jp/consumer/revolving/

食品

食品ロスについて知る・学ぶ／消費者庁
www.caa.go.jp/policies/policy/consumer_policy/information/food_loss/education/

消費期限と賞味期限：子どもの食育／農林水産省
www.maff.go.jp/j/syokuiku/kodomo_navi/featured/abc2.html

GDP

Globalis
ノルウェー語　www.fn.no/Statistikk/BNP-per-innbygger
英語　data.worldbank.org/indicator/NY.GDP.PCAP.CD
日本語　www.globalnote.jp/post-1409.html

ノルウェー語 　英語 　日本語

リサイクル・ゴミ分別

3R　容器包装リサイクル法：
小冊子「まなびあいブック」／環境省
www.env.go.jp/recycle/yoki/b_2_book/

Jenny Skavlan／Instagram
www.instagram.com/jennyskavlan/

篠原ともえ／official web
www.tomoeshinohara.net

銀行・銀行ローン

あなたと銀行の関わり：中学・高校生向け教材「金融のしくみ」／一般社団法人全国銀行協会
www.zenginkyo.or.jp/education/material/bank-jr-highschool/

国内労働力調査

労働力調査（基本集計）／総務省統計局
www.stat.go.jp/data/roudou/sokuhou/tsuki/

難民問題・海外移住・外国人受け入れ

難民問題Q＆A／外務省
www.mofa.go.jp/mofaj/gaiko/nanmin/qa1.html

難民を知る／認定NPO法人 難民支援協会
www.refugee.or.jp/refugee/

金融市場・投資

学ぶ／日本証券業協会
www.jsda.or.jp/manabu/

一般社団法人投資信託協会
www.toushin.or.jp/

プロフィール

著者
グンヒル・J.エクルンド（Gunhild J. Ecklund）

大学で経済史学を学んだ後、経済史の博士号を取得。長年、経済政策、銀行・金融市場、中央銀行の政策などの研究に従事していたが、2013年に作家、コミュニケーター、経済アドバイザーの仕事に専念しようと決意。ノルウェーナレッジセンターの開設や子どもたちの経済教育プログラムの開発に際してアドバイザーとして尽力。多様な人々と交流することに情熱を燃やし、特に児童やYA世代が経済について学ぶ機会を持つ大切さを実感している。

翻訳者
枇谷玲子（ひだに れいこ）

1980年、富山県生まれ。2003年、デンマーク教育大学児童文学センターに留学（学位未取得）。2005年、大阪外国語大学（現大阪大学）卒業。在学中の2005年に『ウッラの小さな抵抗』（文研出版）で翻訳者デビュー。北欧家具輸入販売会社勤務、翻訳会社でオンサイトのチェッカーの経験を経て、現在は子育てしながら北欧書籍の紹介を行っている。訳書に『自分で考えよう』『おおきく考えよう』（晶文社）『北欧式 眠くならない数学の本』（三省堂）『北欧に学ぶ小さなフェミニストの本』（岩崎書店）などがある。埼玉県在住。

監修者
氏家祥美（うじいえ よしみ）

1972年、埼玉県生まれ。ファイナンシャルプランナー・キャリアコンサルタント。お茶の水女子大学大学院修了。FP事務所で5年間勤務した後、2010年よりFP事務所ハートマネー代表に。家計の見直し相談や講演活動を通じて、お金の基礎知識を伝えている。著書に『いちばんよくわかる！結婚一年生のお金』（学研パブリッシング）『子どもの年代別　大学に行かせるお金の貯め方』（PHP研究所）などがある。家庭を持ってからお金の知識の必要性に気がついて学び直した経験から、金融リテラシーの普及に力を注ぐ。高校生向け家庭科の教科書で経済分野を執筆するほか、高校生や大学生向けの講義なども行っている。

装丁・本文デザイン・DTP
SPAIS（宇江喜桜　熊谷昭典　吉野博之）

北欧式 お金と経済がわかる本
12歳から考えたい9つのこと

2019年2月6日　初版第1刷発行

著者　　グンヒル・J.エクルンド（Gunhild J. Ecklund）
訳　　　枇谷 玲子（ひだに れいこ）
監修　　氏家 祥美（うじいえ よしみ）

発行人　佐々木 幹夫
発行所　株式会社 翔泳社（https://www.shoeisha.co.jp/）
印刷・製本　株式会社シナノ

＊本書は著作権法上の保護を受けています。本書の一部または全部について（ソフトウェアおよびプログラムを含む）、株式会社 翔泳社から文書による許諾を得ずに、いかなる方法においても無断で複写、複製することは禁じられています。
＊本書へのお問い合わせについては、右記に記載の内容をお読みください。
＊落丁・乱丁の場合はお取替えいたします。03-5362-3705までご連絡ください。

ISBN978-4-7981-5517-3
Printed in Japan

本書内容に関するお問い合わせについて

このたびは翔泳社の書籍をお買い上げいただき、誠にありがとうございます。弊社では、読者の皆様からのお問い合わせに適切に対応させていただくため、以下のガイドラインへのご協力をお願い致しております。下記項目をお読みいただき、手順に従ってお問い合わせください。

●ご質問される前に
弊社Webサイトの「正誤表」をご参照ください。これまでに判明した正誤や追加情報を掲載しています。
正誤表　https://www.shoeisha.co.jp/book/errata/

●ご質問方法
弊社Webサイトの「刊行物Q&A」をご利用ください。
刊行物Q&A　https://www.shoeisha.co.jp/book/qa/
インターネットをご利用でない場合は、FAXまたは郵便にて、下記"翔泳社 愛読者サービスセンター"までお問い合わせください。
電話でのご質問は、お受けしておりません。

●回答について
回答は、ご質問いただいた手段によってご返事申し上げます。ご質問の内容によっては、回答に数日ないしはそれ以上の期間を要する場合があります。

●ご質問に際してのご注意
本書の対象を越えるもの、記述個所を特定されないもの、また読者固有の環境に起因するご質問等にはお答えできませんので、予めご了承ください。

●郵便物送付先およびFAX番号
送付先住所　〒160-0006　東京都新宿区舟町5
FAX番号　　03-5362-3818
宛先　　　　（株）翔泳社 愛読者サービスセンター

※本書に記載されたURL等は予告なく変更される場合があります。
※本書の出版にあたっては正確な記述につとめましたが、著者や出版社などのいずれも、本書の内容に対してなんらかの保証をするものではなく、内容やサンプルに基づくいかなる運用結果に関してもいっさいの責任を負いません。
※本書に記載されている会社名、製品名はそれぞれ各社の商標および登録商標です。

Hva er økonomi? Fakta og funderinger
Copyright©Orkana Forlag 2015
Japanese translation rights arranged with Orkana Forlag AS
through Japan UNI Agency, Inc., Tokyo